Dominik Farrenberg, Marc Schulz

Kinder- und Jugendhilfe

Arbeitsfelder und ihre Rahmungen

Bibliografische Information der Deutschen Nationalbibliothek

Die Deutsche Nationalbibliothek verzeichnet diese Publikation in der Deutschen Nationalbibliografie; detaillierte bibliografische Daten sind im Internet über http://dnb.d-nb.de abrufbar.

www.wochenschau-verlag.de

Titelgestaltung: Ohl Design
Gedruckt auf chlorfrei gebleichtem Papier
Gesamtherstellung: Wochenschau Verlag
ISBN 978-3-7344-1458-9 (Buch)
E-Book ISBN 978-3-7344-1459-6 (PDF)
ISSN 2749-6724
eISSN 2749-6732
DOI https://doi.org/10.46499/2059

Inhalt

Einleitung

Dieses Buch versteht sich als kompakte Einführung in die Kinder- und Jugendhilfe. Es möchte Grundlagenwissen für die Ausbildung an Fachschulen, Fachhochschulen und Universitäten vermitteln. Der Fokus liegt auf den Rahmenbedingungen und den Arbeitsfeldern, die das Handlungsfeld Kinder- und Jugendhilfe strukturieren. Demnach geht es darum, einen ersten Überblick über die Angebote und Hilfeleistungen innerhalb dieses Handlungsfeldes zu geben. Wir stellen dar, wie sich unterschiedliche Ensembles von Aufgaben, Zielgruppen und Angebotsformen zu Arbeitsfeldern und Tätigkeitsfeldern ordnen lassen. Zudem geben wir auf unterschiedlichen Ebenen Einblicke in die Rahmenbedingungen der Kinder- und Jugendhilfe. In diesem Sinne nehmen wir aktuelle diskursive Rahmungen ebenso in den Blick wie ihre historische Entwicklung und rechtlich-organisationale Grundlagen, einschließlich der Veränderungen des SGB VIII, die durch die 2021 beschlossene Reform in Gestalt des Kinder- und Jugendstärkungsgesetzes (KJSG) in Kraft getreten sind.

Im ersten Kapitel **„Problemaufriss: Was ist Kinder- und Jugendhilfe?"** geben wir eine erste Orientierung, indem wir die Kinder- und Jugendhilfe als eine gesellschaftlich hervorgebrachte Sozialisationsinstanz bestimmen, welche für junge Menschen Formen eines institutionellen Aufwachsens organisiert und Unterstützungsleistungen für sie und ihre Familien bereitstellt. Veranschaulicht wird dies anhand eines Fallbeispiels, das auf die Vielfalt der von der Kinder- und Jugendhilfe zu bearbeitenden Probleme sowie der hierauf antwortenden Angebote aufmerksam macht.

Im zweiten Kapitel **„Diskursive Rahmungen der Kinder- und Jugendhilfe“** werden derzeitige gesellschaftliche Herausforderungen und Probleme erörtert, auf die die Kinder- und Jugendhilfe einerseits mit ihren Angeboten Antworten und Lösungen zu geben versucht, andererseits jedoch auch selbst aufgefordert ist, sich zu verändern und ihre Aufgaben, Angebote, Strukturen und Arbeitsformen entsprechend anzupassen. Schlaglichtartig werden in diesem Zusammenhang acht zentrale Diskurse beleuchtet, um aktuelle Themen und Kontexte darzustellen, welche die Kinder- und Jugendhilfe gegenwärtig rahmen.

Das dritte Kapitel **„Historische Entwicklungen und rechtlich-organisationale Grundlagen“** nimmt zwei weitere relevante Rahmungen der Kinder- und Jugendhilfe in den Blick. Zunächst werden die historischen Entwicklungen dargestellt, denen das Handlungsfeld unterliegt. Diese werden mit den sich wandelnden gesellschaftlichen Vorstellungen von Kindheit und Jugend sowie dem damit in Verbindung stehenden Wandel rechtlicher Vorschriften ins Verhältnis gesetzt. Im Anschluss hieran wird ein systematisierender Überblick über die wichtigsten aktuell geltenden Rechtsgrundlagen und organisationalen Rahmenbedingungen gegeben.

Im vierten Kapitel **„Die Strukturierung der Arbeits- und Tätigkeitsfelder“** geben wir zunächst eine Einführung in die Binnendifferenzierung des Handlungsfeldes der Kinder- und Jugendhilfe in unterschiedliche Arbeits- und Tätigkeitsfelder. Wir stellen mit den Perspektiven auf den Eingriff in die Lebenswelt der Adressat*innen‘ und ‚Interventionsgrade in ihrer gesellschaftlichen Funktion‘ zwei Systematisierungen vor, mit deren Hilfe sich das Handlungsfeld ordnen lässt.

Im fünften Kapitel **„Die fünf Arbeitsfelder der Kinder- und Jugendhilfe“** erläutern wir, wie sich die Angebote und Hilfeleistungen der Kinder- und Jugendhilfe in fünf Arbeitsfelder gruppieren lassen: Jugendarbeit, Jugendsozialarbeit, Förderung der Erziehung in der Familie und Frühe Hilfen, Frühkindliche Bildung, Betreuung und Erziehung sowie Hilfen zur Erziehung. Des Weiteren stellen wir dar, wie sich diese fünf Arbeitsfelder wiederum in mit unterschiedlichen Aufgaben, Zuschnitten und Zielgruppen befasste Tätigkeitsfelder ausdifferenzieren.

Im sechsten Kapitel **„Sozialpädagogische Arbeitsformen“** stellen wir drei Arbeitsformen Beteiligen, Aushandeln und Befähigen vor, welche das gesamte Handlungsfeld in Gestalt von Prinzipien strukturieren.

In der abschließenden **Schlussbetrachtung** ziehen wir ein Resümee und skizzieren einige Spannungsfelder und Herausforderungen, mit denen sich die Kinder- und Jugendhilfe aktuell konfrontiert sieht, und geben einen kurzen Ausblick auf sich abzeichnende Möglichkeiten ihrer Weiterentwicklung.

1

1 Problemaufriss: Was ist Kinder- und Jugendhilfe?

Wenn Sie dieses Kapitel gelesen haben, verfügen Sie über eine erste Orientierung, mit welchen Handlungsherausforderungen sich verschiedene Arbeits- und Tätigkeitsfelder der Kinder- und Jugendhilfe befassen und wie sich diese Felder aufeinander beziehen.

1.1 Einstieg: Das institutionelle Aufwachsen von jungen Menschen

Die Kinder- und Jugendhilfe organisiert neben der Schule das institutionelle Aufwachsen von 22 Mio. Kindern, Jugendlichen und jungen Erwachsenen (vgl. Autorengruppe Kinder- und Jugendhilfestatistik, 2021, S. 8). Sie ergänzt, unterstützt oder ersetzt das Aufwachsen in den Familien (vgl. Thole, 2012, S. 25 ff.). Als zentrales sozialpädagogisches Handlungsfeld ist sie Teil eines historisch gewachsenen Praxiszusammenhangs, der ebenso mit dem Begriff der Sozialen Arbeit beschrieben wird wie die professionelle Identität (Profession) und das wissenschaftliche Wissen (Disziplin), welche das (Handeln in diesem) Feld begleiten und anleiten bzw. reflektieren und perspektivieren (vgl. Farrenberg & Schulz, 2020, S. 12 ff.). Quantitativ gesehen ist die Kinder- und Jugendhilfe das größte Arbeitsgebiet der Sozialen Arbeit und expandiert weiter – sie ist inzwischen auf 900.000 Personen gestiegen und überholt damit die rund 780.000 Lehrkräfte an allgemeinbildenden Schulen (vgl. Autorengruppe Kinder- und Jugendhilfestatistik, 2021, S. 14). Zudem sind in der Kinder- und Jugendhilfe zahlreiche Ehrenamtliche tätig, insbesondere im Arbeitsfeld der Kinder- und Jugendarbeit.

Mit ihrer zielgruppenspezifischen Fokussierung auf bestimmte Lebensalter – Kindheit und Jugend – ist die Kinder- und Jugendhilfe immer schon mit gesellschaftlichen Bedingungen, Normen, Entwicklungen und Entwürfen befasst. Indem sie sich auf das Aufwachsen junger Menschen in Deutschland konzentriert, setzt sie sich notwendigerweise mit gesellschaftlichen Fragen und Verhältnissetzungen auseinander. Pointiert lässt sich der gesellschaftliche Kontext der Kinder- und Jugendhilfe in der Frage zusammenfassen, die der Philosoph, Theologe und Pädagoge Friedrich Schleiermacher vor knapp 200 Jahren in seinen Überlegungen zur Erziehung aufwirft: „Was will denn eigentlich die ältere Generation mit der jüngeren?" (ebd., 1826/1957, S. 9). Wie sich das von der Kinder- und Jugendhilfe begleitete Aufwachsen gestaltet, welchen Erziehungszielen es folgt und anhand welcher Variablen dieses Aufwachsen als ‚gelungen' betrachtet werden kann, ist in hohem Maße abhängig von den jeweils gültigen gesellschaftlichen Bestimmungen und Übereinkünften.

Waren die Angebote des Handlungsfeldes Kinder- und Jugendhilfe historisch betrachtet mehrheitlich für Kinder und Jugendliche in problematischen Lebenslagen konzipiert worden (siehe Unterkapitel 3.1), so sind inzwischen viele dieser familienunterstützenden und familienergänzenden Angebote ‚in der Mitte der Gesellschaft' angekommen: Sie werden immer selbstverständlicher in Anspruch genommen, wie bspw. die Nutzung von Kindertageseinrichtungen, Beratungsdiensten oder Angeboten der Jugendarbeit, der Frühen Hilfen und der Schulsozialarbeit zeigt. Dies lässt sich – bezogen auf die Lebensphase Kindheit – damit begründen, dass zeitgenössische Kindheit nicht mehr als eine primär familiale Angelegenheit gilt (vgl. Schulz, 2018). Aus wohlfahrtsstaatlicher Perspektive haben sich Kindheitsmuster verändert. Modernisierungstheoretische Modelle fassen dies als „duale Sozialisation“ (Honig, 1999) oder „betreute Kindheit“ (Bollig, Honig & Nienhaus, 2016) und gehen damit von einer modernen Kindheit als institutionalisierte Kindheit aus (vgl. Betz, Bollig, Joos & Neumann, 2018). Zugleich ist diese Verdichtung von institutionell organisierter Bildungs- und Lernzeit auch in der Lebensphase Jugend vorzufinden.

Darüber hinaus hat sich der professionelle Beratungsbedarf von Erziehungs- bzw. Personensorgeberechtigten als ein wichtiges familienunterstützendes und -ergänzendes Leistungsangebot der Kinder- und Jugendhilfe in den vergangenen Jahren enorm vergrößert. Dies liegt jedoch nicht primär an der quantitativen Zunahme oder qualitativen Verschärfung von Erziehungsproblemen: Vor den sozialstaatlichen Veränderungen der 1990er-Jahre galten unterprivilegierte Personenkreise als typische Zielgruppen für Beratungsangebote. Heutzutage kommt jedoch auf die Beratungseinrichtungen zunehmend Mittelschichtsklientel zu, die im Zuge des Abbaus sozialstaatlicher Sicherung und des Einzugs neoliberaler Politikmodelle mit den Erfahrungen von Status- und Sicherheitsverlust konfrontiert ist. Auch Angehörige dieser Sozialschicht können immer weniger bspw. die Folgen von Trennung oder Krankheit, Arbeitslosigkeit oder sozialer Ausgrenzung sozial und materiell auffangen (vgl. Sickendiek & Nestmann, 2018, S. 223). Diese problematischen Erfahrungen können den Familienalltag erheblich beeinflussen.

Definition 1.1: Kinder- und Jugendhilfe

Kinder- und Jugendhilfe bezeichnet die „Gesamtheit der öffentlichen Sozialisationshilfen für junge Menschen sowie der Unterstützungsleistungen für deren Familien, Erziehungs- und Personensorgeberechtigte außerhalb von Familie, Schule, Hochschule, Berufsausbildung und Arbeitswelt. Der Begriff ‚Kinder- und

> Jugendhilfe' ist inhaltlich identisch mit dem früher und auch heute noch gebräuchlichen Begriff ,Jugendhilfe'. Beide beziehen sich auf junge Menschen, also Kinder, Jugendliche und junge Volljährige im Alter von unter 27 Jahren, sowie ihre Personensorge- und sonstigen Erziehungsberechtigten" (Wabnitz, 2019, S. 17).

Wir werden das außerfamiliale institutionelle Aufwachsen mit und neben der Schule – wie es durch die Kinder- und Jugendhilfe geformt wird – exemplarisch am nachfolgenden Fallbeispiel entfalten (Unterkapitel 1.2), um im nächsten Kapitel daran anschließend in kinder- und jugendhilfebezogene Diskurse einzuführen (Kapitel 2).

1.2 Fallbeispiel Familie Palm/Müller

Die im Einstieg thematisierten Verzahnungen familialen und öffentlich-institutionellen Aufwachsens entfalten wir anhand einer fiktiven Familie, der vierköpfigen Familie Palm/Müller[1]:

Beispiel 1.1: Die Familie: Robert Palm und Yvette, Tom und Gabi Müller

Familie Palm/Müller ist eine sogenannte ,Patchwork-Familie'. Tochter Yvette Müller ist vier Jahre alt und lebt mit ihrem älteren Halbbruder Tom, neun Jahre alt, ihrem Vater Robert Palm und der Mutter beider Kinder Gabi Müller in einer kleinen Mietwohnung im Randgebiet einer deutschen Großstadt zusammen. Toms leiblicher Vater ist kurz nach seiner Geburt verunglückt. Yvette geht morgens ab 8 Uhr in den AWO-Kindergarten und bleibt bis nach dem Mittagessen, bis 13 Uhr. Den Kindergarten kann sie fußläufig gut erreichen. Sie geht täglich den Weg gemeinsam mit ihrer Mutter; eher selten holt ihr Vater sie ab. Durch die Wohnortnähe trifft sie sich mit ihren Kita-Freund*innen auch nach der Schließung der Einrichtung, meist auf dem Spiel-

1 Es handelt sich hierbei um eine stark veränderte Fassung des Fallbeispiels aus Farrenberg & Schulz, 2020, S. 182–184.

platz, da auch ihre Freund*innen in recht beengten Wohnungen leben und dort zu wenig Platz ist, um dort mit mehreren Kindern gemeinsam spielen zu können. Ein weiterer Grund ist, dass sie sich ihr Zimmer mit ihrem Bruder teilt, der am späten Nachmittag erst von der Schule nach Hause kommt und sich häufig ausruhen will.

Tom besucht die Grundschule, bei der es sich um eine Offene Ganztagsschule handelt. In Toms Schule findet vormittags der reguläre Schulunterricht statt und über Mittag wird Tom, so wie die anderen Grundschulkinder, die am Nachmittagsangebot teilnehmen, von zwei Sozialarbeiterinnen betreut. Diese Gruppe isst ihr Mittagessen im gegenüber der Schule liegenden städtischen Jugendzentrum. Manchmal machen sie in der Gruppe die Hausaufgaben oder spielen ein Brettspiel, bis das Nachmittagsangebot losgeht. Nachmittags nimmt er am Angebot des Offenen Ganztags teil – montags ist er bis 16 Uhr im Jugendzentrum, am liebsten ist er in der Werkstatt. Die anderen Tage verbringt er nachmittags in der Schule. Dort besucht er das Kreativ-Atelier, welches Künstler*innen anbieten, sowie die Fußballgruppe, die ein pensionierter Sportlehrer und aktiver Fußballtrainer in der nahegelegenen Turnhalle leitet. Außerdem probiert er sich beim ‚Ringen und Raufen' aus – ein Angebot, das ein Sozialarbeiter im Jugendzentrum macht. Die Aktivitäten machen ihm Spaß, wobei er immer mal wieder mit den Namen der Erwachsenen durcheinanderkommt. Manchmal sind es neben den Lehrer*innen bis zu fünf weitere Personen, die sich um ihn kümmern. Mit der Zeit zeigt er weniger Engagement beim Fußballspiel und wirkt lustlos, kann aber das Angebot nicht wechseln, da Gabi Müller und Robert Palm sich mit der Entscheidung für ein Schuljahr gebunden haben. Frau Müller und Herr Palm vertrösten ihn auf das kommende Schuljahr und Tom äußert sich zudem verunsichert, ob er an den anderen Angeboten teilnehmen kann. Der Detektivklub in der örtlichen Bibliothek interessiert ihn. Jedoch befürchtet er, sich dort vor den anderen zu blamieren, weil er Schwierigkeiten beim Lesen und Schreiben hat; zudem ist er noch nie in der Stadtteilbibliothek gewesen. Seine Angebote gehen immer bis 16 Uhr und er kommt unter der Woche erst am späten Nachmittag nach Hause. Abends ist er meist sehr erschöpft.

Sowohl Yvette als auch Tom nehmen an institutionell-öffentlichen Angeboten teil, auf die sie qua Recht auf Bildung und Betreuung gesetzlichen Anspruch haben, wobei die Teilnahme am Kindergarten gesetzlich freiwillig, die an der Grundschule verpflichtend ist. Die Angebote neben der Schule werden von Trägern der Kinder- und Jugendhilfe erbracht.

Der Lehrerin von Tom fällt über einen längeren Zeitraum auf, dass er sich im Unterricht zunehmend schlechter zu konzentrieren scheint, auch weil er müde wirkt. Zudem häufen sich Beschwerden von anderen Kindern, Tom sei sie körperlich angegangen oder habe ihnen gedroht. Daher bespricht die Lehrerin sich zunächst mit den Kolleg*innen, an deren Nachmittagsangebot Tom teilnimmt, sowie mit der Schulsozialarbeiterin, die an der Schule angestellt ist. Jene tritt mit Tom in Kontakt und versucht, in Gesprächen auszuloten, was mit ihm los ist. Da sich die Problematik verschärft und weder die Schulsozialarbeiterin noch die Kolleg*innen, die das Nachmittagsangebot machen, richtig an Tom herankommen, wird ein Gespräch mit der Lehrerin, der Schulsozialarbeiterin, Gabi Müller und Tom vereinbart. Mehrfach muss der Termin verschoben werden, da Frau Müller nicht erscheint. Zudem fehlt Tom immer häufiger unentschuldigt in der Schule. Die Schulsozialarbeiterin beschließt daraufhin, den Allgemeinen Sozialen Dienst (ASD) des örtlichen Jugendamtes zu kontaktieren. Zudem soll das Nachmittagsangebot trotz bestehender Verträge verändert werden.

Der ASD wurde etwa zeitgleich auch von einer Nachbarin auf die Familie aufmerksam gemacht, nachdem sich Gabi Müller und Robert Palm mehrfach lautstark gestritten hatten und Yvette so manches Mal nachts nicht zu weinen aufhörte. Bei einem Hausbesuch bot sich der Sozialarbeiterin des ASD das Bild eines mit der Erziehung der Kinder und den regelmäßig anfallenden Tätigkeiten im Haushalt überforderten Paares. Ihr gelingt es, Frau Müller davon zu überzeugen, dass eine Sozialpädagogische Familienhilfe (SPFH) mehrmals in der Woche in die Wohnung kommt, um in Erziehungsfragen, aber auch bei der Alltagsorganisation zu unterstützen. Der SPFH gelingt es schnell, eine vertrauensvolle Beziehung zu Frau Müller aufzubauen. Sie bekommt mit, dass Frau Müller hin- und hergerissen ist, sich von Herrn Palm zu trennen, da es in ihrer Partnerschaft – oft infolge erhöhten Alkoholkonsums – immer häufiger zu teilweise gewaltförmigen Auseinandersetzungen kommt. Die SPFH macht daraufhin in Abstimmung mit der zuständigen Sozialarbeiterin im ASD auf verschiedene Hilfsangebote aufmerksam. So bietet sie an, ebenso Kontakte zu einer Suchtberatung für Betroffene und Angehörige zu knüpfen wie zu einer Ehe-, Familien- und Lebensberatungsstelle. Für den Fall, dass angesichts einer drohenden Eskalation von häuslicher Gewalt eine Soforthilfe erforderlich werden sollte, informiert sie über die Interventionsmöglichkeiten eines entsprechend spezialisierten Sozialen Dienstes sowie der örtlichen Polizei.

Außerdem nimmt die zuständige Sozialarbeiterin des ASD Kontakt mit der Kindertageseinrichtung auf, welche Yvette derzeit besucht. Ziel ist es, die Betreuungszeiten dort auf die Nachmittage hin auszudehnen, um Yvette etwas aus dem Zentrum der familialen Streitigkeiten und Schwierigkeiten zu nehmen und Gabi Müller strukturell mehr Zeit für sich bzw. Zeit für sich und Tom zu ermöglichen. Dort erfährt sie, dass das Team derzeit mit den Eltern ins Gespräch zu kommen versucht: Bei Yvette besteht der Anfangsverdacht einer emotional-sozialen Entwicklungsverzögerung. Aber auch deutliche Anzeichen auf eine körperlich-motorische Entwicklungsverzögerung stehen im Raum, jedoch liegen dafür keine Diagnosen vor. Dies würden die Fachkräfte gerne abklären, da Yvette dann ggf. einen Anspruch auf spezielle Förderangebote hätte. Auf eine erste Ansprache reagieren Frau Müller und Herr Palm abweisend – ihre Tochter sei doch ganz normal und nicht behindert. Damit spielen die Eltern auf Hänseleien an, die Yvette seit einiger Zeit ertragen muss: Da sie stark fehlsichtig ist, trägt sie eine spezielle Brille und wird deshalb von anderen Kindern verspottet. Daher meidet sie im Kindergarten mehr und mehr Gruppensituationen und zieht sich mit ihren Freundinnen zurück. Aufgrund der familialen Situation beschließen die Kolleg*innen, weiterhin im Kontakt zu bleiben, damit Yvette nicht unter dem Radar verschwindet, während sich alle auf Tom konzentrieren.

1.3 Zusammenfassung

Das Fallbeispiel der Familie Palm/Müller zeigt, wie unterschiedliche Akteure und Dienste im Bildungs- und Hilfesystem zusammenwirken und auf verschiedene Herausforderungen und Schwierigkeiten reagieren, die teils eng miteinander zusammenhängen. Darin wird ebenso ein institutionalisiertes Aufwachsen aufgefächert, wie die Angewiesenheit auf Kooperation und Vernetzung zwischen den verschiedenen Akteuren der Kinder- und Jugendhilfe und weiteren Akteuren wie der Familie, der Schule, der Polizei und den klinisch-therapeutisch arbeitenden Diensten des Gesundheitswesens. Häufig sind diese intensiven, sowohl multiprofessionellen als auch interdisziplinären Zusammenarbeiten notwendig, um entsprechende Angebote zur sozialen Unterstützung, Erziehung, Bildung oder zum Schutz leisten zu können.

2

2 Diskursive Rahmungen der Kinder- und Jugendhilfe

Wenn Sie dieses Kapitel durchgearbeitet haben, haben Sie einen Überblick über die Diskurse, die die Arbeit im Handlungsfeld Kinder- und Jugendhilfe maßgeblich beeinflussen. Sie können diese Einflüsse mit den jeweiligen Anforderungen an die einzelnen Arbeits- und Tätigkeitsfelder der Kinder- und Jugendhilfe in Beziehung setzen.

2.1 Was sind gesellschaftliche Herausforderungen bzw. Probleme im Kontext der Kinder- und Jugendhilfe?

Das vorangegangene Fallbeispiel der Familie Palm/Müller zeigt das interdisziplinäre Zusammenwirken unterschiedlicher Akteure und Dienste im Bildungs- und Hilfesystem, welches erforderlich ist, um auf die verschiedenen Herausforderungen und Schwierigkeiten reagieren zu können. Wie aber werden diese Herausforderungen bearbeitet? Wie werden die geschilderten Probleme überhaupt zu *sozialen Problemen*, also zu solchen, die die Soziale Arbeit im Handlungsfeld der Kinder- und Jugendhilfe bearbeitet?

Definition 2.1: Soziale Probleme und Soziale Arbeit
Soziale Probleme werden gesellschaftlich als solche hervorgebracht, indem sie als nicht hinnehmbare Abweichungen von den geltenden gesellschaftlichen Normen betrachtet werden (vgl. Groenemeyer, 2010). Damit unterliegen sie einem Zeitgeist und sind sowohl historisch als auch kontingent: Das heißt, *was* als soziales Problem benannt wird, ist in hohem Maße abhängig von gesellschaftlichen Wandlungsprozessen und Strömungen. Als eine gesellschaftliche Probleme bearbeitende öffentliche Sozialisationsinstanz ist Soziale Arbeit selbst an der gesellschaftlichen Konstruktion von Normen, Normalität und Abweichung beteiligt. Ihre Funktion liegt in der „Regulierung und Gestaltung subjektiver Lebensführungsweisen von Gesellschaftsmitgliedern in den Fällen [...], in denen diese als sozial problematisch oder potenziell sozial problematisch markiert werden“ (Kessl, 2013, S. 8).

Querliegend zu inhaltlichen Themenbereichen und Zuschnitten, die in diesem Kapitel als ‚diskursive Rahmungen‘ dargestellt werden, wirft die eingangs bereits erörterte Frage Schleiermachers „Was will denn eigentlich die ältere Generation mit der jüngeren?“ (Schleiermacher, 1826/1957, S. 9) ein Spannungsfeld auf zwischen den Polen *Tradition* und *Revolution* (vgl. Nohl, 2002, S. 140): Der Weitergabe von Normen, Übereinkünften und Denkweisen des gesellschaftlichen *Common Sense* im Verständnis einer Erziehung als Vergesellschaftung steht eine „Erziehung zur Mündigkeit“ (Adorno, 1971) gegenüber, die auf die Zukunftsentwürfe, Gestaltungskräfte und Veränderungspotenziale der Heranwachsenden setzt. Dieses Spannungsfeld wird im Hintergrund aktueller Diskurse der Kinder- und Jugendhilfe stets mitaufgerufen. Wie sich dieses Spannungsfeld im Kontext von aktuellen gesellschaftlichen Veränderungen darstellt, lässt sich u. a. an den *Kinder- und Jugendberichten* und *Familienberichten* der deutschen Bundesregierung nachzeichnen.

Exkurs: Der Kinder- und Jugendbericht und der Familienbericht der deutschen Bundesregierung

Die Kinder- und Jugendberichte[2] werden von einer von der jeweiligen Bundesregierung eingesetzten Expertenkommission verfasst, die aus Vertreter*innen der Wissenschaft, der Politik sowie der Trägerverbände bestehen. Sie werden in jeder Legislaturperiode von der Bundesregierung herausgegeben, wobei jeder dritte Bericht die Gesamtsituation der Kinder- und Jugendhilfe erfassen soll. Dies ist geregelt im Kinder- und Jugendhilfegesetz, dem Achten Sozialgesetzbuch, unter § 84 SGB VIII Jugendbericht:

„(1) Die Bundesregierung legt dem Deutschen Bundestag und dem Bundesrat in jeder Legislaturperiode einen Bericht über die Lage junger Menschen und die Bestrebungen und Leistungen der Jugendhilfe vor. Neben der Bestandsaufnahme und Analyse sollen die Berichte Vorschläge zur Weiterentwicklung der Jugendhilfe enthalten; jeder dritte Bericht soll einen Überblick über die Gesamtsituation der Jugendhilfe vermitteln.

(2) Die Bundesregierung beauftragt mit der Ausarbeitung der Berichte jeweils eine Kommission, der mindestens sieben Sachverständige (Jugendberichtskommission) angehören. Die Bundesregierung fügt eine Stellungnahme mit den von ihr für notwendig gehaltenen Folgerungen bei."

Seit 1965 sind bislang 16 Kinder- und Jugendberichte erstellt worden. Überblicksartig werden die letzten sechs Berichte im Folgenden kurz skizziert. Es handelt sich dabei zum einen um zwei Gesamtberichte:

---

2 Vollständiger Titel: „Bericht über die Lebenssituation junger Menschen und die Leistungen der Kinder- und Jugendhilfe in Deutschland"

- 11. Kinder- und Jugendbericht (2002) und 14. Kinder- und Jugendbericht (2013): Der vierte Gesamtbericht *Aufwachsen in öffentlicher Verantwortung* (2002) und der fünfte, bislang letzte Gesamtbericht *Kinder- und Jugendhilfe in neuer Verantwortung* (2013) analysieren die Lebenssituationen von Heranwachsenden und unterbreiten Vorschläge sowohl zur Entwicklung der Kinder- und Jugendpolitik als auch der Kinder- und Jugendhilfe.

Zum anderen widmen sich vier Berichte spezifischen, gesellschaftlich relevanten Fragen:

- 12. Kinder- und Jugendbericht (2005): Der Bericht *Bildung, Betreuung und Erziehung vor und neben der Schule* fokussiert unter der Trias formale/nonformale und formale Bildung vor- und nebenschulische Leistungen der Kinder- und Jugendhilfe und kann als fachliche Positionierung auf den sogenannten ‚PISA-Schock', d.h. der medial starken Reaktion auf das vergleichsweise schlechte Abschneiden in der internationalen Schulleistungsuntersuchung der OECD aus dem Jahr 2001, interpretiert werden.
- 13. Kinder- und Jugendbericht (2009): Der Bericht *Mehr Chancen für gesundes Aufwachsen – Gesundheitsbezogene Prävention und Gesundheitsförderung in der Kinder- und Jugendhilfe* fokussiert Angebote und Maßnahmen der Kinder- und Jugendhilfe im Bereich der gesundheitsbezogenen Prävention und Gesundheitsförderung und greift dabei das Thema Inklusion auf.
- 15. Kinder- und Jugendbericht (2017): Der Bericht *Zwischen Freiräumen, Familie, Ganztagsschule und virtuellen Welten – Persönlichkeitsentwicklung und Bildungsanspruch im Jugendalter* fokussiert die Lebensphase Jugend, nachdem in den letzten 15 Jahren insbesondere die Lebensphase Kindheit intensiv beforscht wurde.
- 16. Kinder- und Jugendbericht (2020): Der Bericht *Förderung demokratischer Bildung im Kindes- und Jugendalter* thematisiert die Förderung aller jungen Menschen bei ihrer politischen Selbstpositionierung als eine besondere Verant-

wortung von Politik, Fachpraxis und Gesellschaft und diskutiert damit den öffentlichen Beitrag zur Entwicklung junger Menschen zu gemeinschaftsfähigen Persönlichkeiten.

Auch die Familienberichte werden von einer von der jeweiligen Bundesregierung eingesetzten Expertenkommission erstellt. Die Differenz zu den Kommissionen der Kinder- und Jugendberichte liegt darin, dass hier ausschließlich Wissenschaftler*innen beteiligt und soziologische, ökonomische und juristische Positionen stark vertreten sind. Die Bundesregierung ist durch den Beschluss vom 23.6.1965 (Bundestagsdrucksache VI/834) verpflichtet, mindestens in jeder zweiten Legislaturperiode einen Bericht über die Lage der Familien vorzulegen (vgl. BMFSFJ, 2021, S. V). Seit 1965 sind neun Familienberichte erstellt worden, zuletzt im Frühjahr 2021. Die Letzten diskutieren folgende Themenfelder:

- Fünfter Familienbericht (1994): Der Bericht *Familien und Familienpolitik im geeinten Deutschland – Zukunft des Humanvermögens* fokussiert die Bedeutung der Familie für die Übermittlung von Kompetenzen.
- Sechster Familienbericht (2000): Der Bericht *Familien ausländischer Herkunft in Deutschland – Leistungen – Belastungen – Herausforderungen* thematisiert Einwanderung und Migration, insbesondere Arbeitsmigration.
- Siebter Familienbericht (2006): Der Bericht *Familie zwischen Flexibilität und Verlässlichkeit – Perspektiven für eine lebenslaufbezogene Familienpolitik* thematisiert demografische Entwicklungen sowie arbeitsmarktpolitische Entwicklungen im europäischen Vergleich (Stichwort: Vereinbarkeit von Familie und Beruf).
- Achter Familienbericht (2012): Der Bericht *Zeit für Familie – Familienzeitpolitik als Chance einer nachhaltigen Familienpolitik* thematisiert u. a. familienfreundliche Zeitpolitik und flexible Arbeitszeitmodelle für erwerbstätige Eltern.
- Neunter Familienbericht (2021): *Eltern sein in Deutschland – Ansprüche, Anforderungen und Angebote bei wachsender Vielfalt.* Im Mittelpunkt stehen die deutlich gestiegenen

Anforderungen an zeitgenössische Elternschaft, maßgeblich geprägt durch den Wandel der Geschlechterrollen, komplexere Familienstrukturen, die Entgrenzung von Lohnerwerbsarbeit und die Herausforderungen der Digitalisierung.

Für die Akteure der Kinder- und Jugendhilfe sind sowohl die *Kinder- und Jugendberichte* als auch die *Familienberichte* der Bundesregierung sehr aufschlussreich,[3] da sich hier nicht nur Beschreibungen gesellschaftlicher Herausforderungen und Probleme finden lassen, sondern sich darin auch der jeweilige Zeitgeist widerspiegelt. Pointiert lässt sich zusammenfassen, dass die *Familienberichte* stärker die Ausgangsbedingungen thematisieren, die in den *Kinder- und Jugendhilfeberichten* der vergangenen zwei Dekaden als Anforderungen verhandelt werden – maßgeblich ist dies die Orientierung an eine Arbeitsgesellschaft, die Eltern grundsätzlich als wirtschaftlich Erwerbstätige begreift und daraus auch die Notwendigkeit der öffentlichen Betreuung, Bildung und Erziehung ableitet.

Wir stellen nachfolgend schlaglichtartig zentrale Diskurse vor, die das eingangs geschilderte Fallbeispiel der Familie Palm/Müller gewissermaßen justieren und bereits thematisch sowohl in den Kinder- und Jugendhilfeberichten als auch in den Familienberichten aufschienen. Die nachfolgenden acht Diskurse werden dabei unterschiedlich intensiv geführt:

- Die fachlichen Fragen, die mit der Institutionalisierung von Kindheit und Jugend verknüpft sind (Unterkapitel 2.2);
- die maßgeblich den Alltag der Subjekte beeinflussenden Effekte der Pluralisierung und Individualisierung von Kindheit und Jugend und der Ökonomisierung der Kinder- und Jugendhilfe (Unterkapitel 2.3);

3 Für das Arbeitsfeld der Kinder- und Jugendhilfe ‚Frühkindliche Bildung, Betreuung und Erziehung' sind zudem die acht Bildungsberichte für Deutschland relevant (zuletzt: 2020, vgl. Autorengruppe Bildungsberichterstattung). So werden darin im Kapitel ‚Frühe Bildung, Betreuung und Erziehung' Bildung in der Familie, Angebote früher Bildung, Betreuung und Erziehung und ihre Inanspruchnahme, die Entwicklung des dort tätigen pädagogischen Personals sowie der Übergang in die Schule thematisiert.

- die Diskussionen um ‚besonders benachteiligte Kinder und Jugendliche' und um die Minimierung der Benachteiligungseffekte durch Angebote der Kinder- und Jugendhilfe (Unterkapitel 2.4);
- die Herausforderung an Kinder- und Jugendhilfe, sich permanent im Spannungsverhältnis von Integration und Inklusion zu bewegen (Unterkapitel 2.5);
- die Diskussionen um Kinder- und Elternrechte, auch im Zusammenhang von Partizipation (Unterkapitel 2.6);
- die neue Aufmerksamkeit auf Eltern und das Praktizieren ‚guter Elternschaft' (Unterkapitel 2.7);
- die auch medial geführten Diskussionen um Kindeswohlgefährdung (Unterkapitel 2.8) und
- schließlich die Effekte der sogenannten ‚Corona-Krise', welche sowohl das Aufwachsen von Kindern und Jugendlichen als auch die Arbeit der Kinder- und Jugendhilfe seit 2020 nachhaltig strukturieren (Unterkapitel 2.9).

Exkurs: Diskurs – ein Begriff zwischen Ordnungen des Wissens und kommunikativem Handeln

Der Begriff des Diskurses wurde von Jürgen Habermas, Karl-Otto Apel und Michel Foucault etabliert. Bezeichnet er im alltäglichen Sprachgebrauch zumeist lediglich unscharf so etwas wie thematische Diskussionszusammenhänge, so stellt er in wissenschaftlichen Gebrauchsweisen unterschiedliche, dezidiert ausbuchstabierte Konzepte zur Verfügung:

Habermas und Apel verstehen unter Diskurs ein an Konsens orientiertes, sogenanntes ‚kommunikatives Handeln', bei dem sämtliche Beteiligten ihre Sichtweisen, Argumente und Begründungen offenlegen, Positionen sichtbar gemacht und geordnet werden sowie Möglichkeiten für eine Verständigung auf konsensfähige Punkte und Kompromisse ausgelotet werden, um hierüber zu demokratisch legitimierten Entscheidungen zu kommen. Für eine solche ‚ideale Sprechsituation' gilt es, einen geeigneten Rahmen zu schaffen und Hürden und Hindernisse abzubauen, die ein solches, ‚kommunikatives Handeln' beeinträchtigen oder gar verhindern (vgl. Habermas, 1987a; 1991). In dieser *dis-*

kursethischen Begriffsverwendung wird der Diskurs als präskriptives (d. h. bestimmte Normen festlegendes) Ideal verstanden, welches das ‚richtigerweise Gesollte' an das Zustandekommen einer vernünftig geführten kommunikativen Aushandlung zurückbindet.

Foucault wiederum verwendet den Begriff nicht *diskursethisch*, sondern u. a. *diskurstheoretisch*. Der Diskurs regelt im Verständnis machtvoller Ordnungen des Wissens, was zu einem bestimmten Zeitpunkt zu einem bestimmten Gegenstand gewusst, gedacht und gesagt werden kann (vgl. Foucault, 1971/2008). Dies lässt sich am Beispiel Geschlechtlichkeit nachvollziehen: Galt in unserer Gesellschaft das Wissen, Denken, Sprechen über Geschlechtlichkeit lange Zeit in der diskursiven Selbstverständlichkeit einer binären Zweigeschlechtlichkeit, so haben sich die Grenzen dieses Diskurses inzwischen verschoben. So wird ein Wissen, Denken und Sprechen von mehr als zwei Geschlechtern inzwischen mehr und mehr normal und ist unlängst nicht nur ein Nischenthema von spezifischen kulturellen oder wissenschaftlichen Enklaven der Gesellschaft. Diskurse sind demnach historisch-spezifische, epistemische Wissensordnungen. Unter epistemisch verstehen wir die *Bedingungen von Erkenntnis*. Diese sind insofern geschichtssensibel, als sie zwar die jeweiligen Vorstellungen über einen Sachverhalt oder über einen Gegenstand für eine bestimmte Zeit lang regulieren, aber nicht zeitlos absichern, sondern prozesshaft in Bewegung halten. Damit werden Verschiebungen und Brüche möglich. Diskurse bestehen aus Zeichen (z. B. Buchstaben, Sprachlaute, Symbole), zugleich aber benutzen Diskurse „Zeichen für mehr als nur zur Bezeichnung der Sachen" (Foucault, 1973/2008, S. 525). Kommunikation stellt dabei eine diskursive Praxis dar, weil darin epistemisches Wissen (re-)produziert wird und damit Wirklichkeiten bzw. Wahrheiten – eben diskursiv – erzeugt werden. Mit der Macht des Diskurses ist des Weiteren eine *Dezentrierung des Subjektes* verbunden: Wissen existiert diskurstheoretisch gesprochen nicht als Wissen einzelner Subjekte, sondern als geordnetes und reguliertes Wissen des Diskurses. Dies bedeutet, dass die Gedanken weder frei sind noch sich ausschließlich den sie denkenden Subjekten verdanken. Der Diskurs wird bei Foucault damit nicht normativ, sondern analytisch-deskriptiv bestimmt und fungiert als eine erkenntnistheoretische (d. h. epistemologische) Hintergrundfolie. Die Diskurstheorie kann als eine Art geschichtssensibler Konstruktivismus verstanden werden. In diesem Sinne verwenden wir den Begriff des Diskurses, wenn wir nachfolgend Diskurslinien skizzieren.

2.2 Institutionalisierungen von Kindheit und Jugend

Wie bereits eingangs mit den modernisierungstheoretischen Modellen „duale Sozialisation“ (Honig, 1999) oder „betreute Kindheit“ (Bollig, Honig & Nienhaus, 2016) angedeutet wurde, findet das Aufwachsen von Kindern und Jugendlichen vermehrt unter öffentlicher Verantwortung statt, konkret: synchron an und in vielfältigen Orten und Räumen wie bspw. Krippen, Kindertagesstätten oder sozialpädagogischen[4] Freizeitangeboten für Kinder und Jugendliche.

Beispiel 2.1: Das Nebeneinander verschiedener öffentlicher Angebote

Im Fallbeispiel der Familie Palm/Müller zeigt sich dies in der Alltagsgestaltung von Yvette und Tom in unterschiedlicher Intensität:

- Yvette nutzt tagtäglich ein (sozial-)pädagogisches Angebot, die Kindertageseinrichtung (‚Kindergarten‘). Über weitere freizeitpädagogische Angebote ist nichts bekannt.

4 Wenn nicht explizit anders beschrieben, wird der Begriff *sozialpädagogisch* als Pendant zum Begriff *Soziale Arbeit* verwendet. Er bezieht sich explizit nicht auf die historisch gewachsene Unterscheidung von Sozialarbeit und Sozialpädagogik (exemplarisch: Hamburger, 2016, S. 17 ff. u. S. 152 sowie Thole, 2012, S. 19 f.).

- Tom nimmt tagtäglich sowohl schul- als auch sozialpädagogische Angebote in Anspruch – das der Jugendarbeit oder der nachmittäglichen freizeitpädagogischen Angebote in der Schule.

Neben der Familie und Schule nehmen weitere öffentliche Institutionen Aufgaben der Erziehung, Bildung und Betreuung wahr, und die Institutionalisierung von Kindheit und Jugend findet in verschiedenen Arbeits- und Tätigkeitsfeldern der Kinder- und Jugendhilfe statt. Diese synchrone Pluralität an privater und öffentlicher Erziehung, Bildung und Betreuung verändert die Lebensphase Kindheit und Jugend erheblich, da die einzelnen Leistungen nicht nur additiv nebeneinander bestehen oder irgendwie aufeinander Bezug nehmen, sondern sie diese Lebensphase als ein neues soziokulturelles Muster formen (vgl. Bollig, Honig & Nienhaus, 2016). Es gilt als ‚normal' und zumindest spätestens ab der mittleren Kindheit, d. h. ab Eintritt in das Grundschulalter, weitestgehend gesellschaftlich akzeptiert, dass Kinderbetreuung vom zeitlichen Umfang her betrachtet gleichrangig sowohl öffentlich als auch privat erbracht wird.

Beispiel 2.2: Zunahme öffentlicher Kinderbetreuung
Die beschriebene Veränderung der Inanspruchnahme öffentlicher bzw. nicht familialer Betreuungsangebote lässt sich am deutlichsten für Kinder von drei bis sechs Jahren nachvollziehen: Die Besuchsquote für Kindertageseinrichtungen liegt inzwischen je nach Bundesland zwischen 86 % (Bremen) und 95,7 % (Thüringen) (vgl. Statistisches Bundesamt, 2020a, S. 97). Demzufolge nimmt ein Großteil der Eltern dieses Angebot der Kinder- und Jugendhilfe für ihre Kinder in Anspruch. Die quantitative Ausweitung der Kindertagesbetreuung schlägt sich dabei auch in immer längeren Verweildauern der Kinder nieder – bis hin zu sogenannten „24-Stunden-Kitas" (Holzer & Sauerbrey, 2018), in denen eine auf die elterlichen Schichtdienste abgestimmte Betreuung möglich wird. Zudem ist diese Institutionalisierung frühkindlicher Bildung durch eine neue Generation von privat-nichtgemeinnützigen Trägern gerahmt, die die öffentliche

und frei-gemeinnützige Trägerlandschaft nunmehr ergänzen (vgl. Meiner-Teubner, Kopp & Schilling, 2016). Der Anteil dieser privat-nichtgemeinnützigen Träger bewegt sich 2019 je nach Bundesland zwischen 0,1 % (Berlin) bis 6,7 % (Mecklenburg-Vorpommern). Eine Ausnahme stellt Hamburg dar mit 19,7 % (vgl. Autorengruppe Bildungsbericht, 2020, S. 87).

Insbesondere aus bildungsökonomischer Perspektive lässt sich häufig die Argumentation finden, dass sich der frühe Besuch eines Kindes in einer elementarpädagogischen Einrichtung positiv auf den weiteren Bildungsweg auswirkt (vgl. Fritschi & Oesch, 2009). Diese Argumentation wird wiederum aus wohlfahrtsstaatstheoretischer Perspektive als Teil des Umbaus zum Sozialinvestitionsstaat (vgl. Olk, 2007; Olk & Hübenthal, 2011) und kindheitssoziologisch kritisch als Wandel von einer *Familienkindheit* hin zu einer *Bildungskindheit* analysiert. Es wird darin das Motiv einer frühen Bildungsförderung erkennbar, welche sowohl den Bildungsweg des einzelnen Kindes, als auch die humankapitalistischen Ressourcen der Gesellschaft zu optimieren versucht.

Auch für die mittlere Kindheit, also das Segment der Sechs- bis Zehnjährigen, lässt sich diese Selbstverständlichkeit an der Expansion der Ganztagsschule mit ihrer Aufgabenverteilung zwischen Angeboten der Schule und der Kinder- und Jugendhilfe ablesen: Die Reformierung von Schule selbst, wie sie bspw. mit dem Investitionsprogramm „Zukunft Bildung und Betreuung" (IZBB) (BMBF, 2020) gefordert und gefördert wird, markiert maßgeblich die Entwicklung weg von der Halbtagsschule hin zur Ganztagsschule. Um diesen Strukturwandel weiter fortzuschreiben, ist auch das Tätigkeitsfeld Offene Kinder- und Jugendarbeit im schulischen Alltag an verschiedenen Stellen positioniert, indem es wie im Beispiel Tom Müller die Übernachmittagsbetreuung, die (Mittag-)Essensversorgung oder Hausaufgabenhilfe von Kindern und Jugendlichen übernimmt.

Hinweis: Kooperationen

Im Arbeitsfeld der Kinder- und Jugendarbeit registrierte das Statistische Bundesamt (2021b) für das Jahr 2019 über 28 600 Kooperationen zwischen Trägern, davon allein über 12 100 im

Grundschulbereich. Die Kooperationen in diesem Arbeitsfeld expandieren – nicht nur auf den Grundschulbereich bezogen – seit Jahren (vgl. ebd., S. 33). Einer der Hauptdiskussionspunkte ist in diesem Zusammenhang, inwiefern sich die schul- und sozialpädagogischen Vorstellungen von Bildung aufeinander beziehen lassen. Hierzu lassen sich konstruktive Vorschläge bspw. unter dem Stichwort *Ganztagsbildung* finden, die quer zu den schul- und jugendpädagogischen Disziplinen an das Konzept von lokalen bzw. regionalen Bildungslandschaften anschließen (vgl. Coelen & Otto, 2008).

Mit dem Begriff der Bildungslandschaft und dem darin liegenden Vernetzungskonzept scheint auch ein zentrales, die Diskussionen um die Institutionalisierungen von Kindheit und Jugend dominierendes Verständnis von Bildung auf: Im Zuge des lebenslangen Lernens (vgl. Kommission der Europäischen Gemeinschaften, 2000), d.h. der Organisation von Bildungsverläufen, wurde auch die Kinder- und Jugendhilfe stärker in die Verantwortung einbezogen, diese Verläufe für alle Kinder und Jugendliche gelingend(er) zu gestalten (vgl. Koch & Schulz, 2018). Dieser mit dem Diktum des lebenslangen Lernens einhergehende Bildungsauftrag dominiert seit dem Beginn des neuen Jahrtausends auch die Fachdebatten der Kinder- und Jugendhilfe. So hat der 12. Kinder- und Jugendbericht (vgl. BMFSFJ, 2005) unter dem Titel *Bildung, Betreuung und Erziehung vor und neben der Schule* (siehe Exkurs „Der Kinder- und Jugendbericht und der Familienbericht der deutschen Bundesregierung“) diese Leistungen der Kinder- und Jugendhilfe unter der Trias formale, nonformale und informelle Bildung systematisiert und qualifiziert.

Definition 2.2: Formale, nonformale und informelle Bildungsorte

In der Fachdebatte wird zwischen *formalen, nonformalen und informellen Bildungsorten* unterschieden (vgl. Müller, Schmidt & Schulz, 2008):

- *Formale Bildungsorte* wie insbesondere Schule sind auf die curricular festgelegten Lerninhalte konzentriert und Teil des formalen Bildungssystems.

- Bei *nonformalen Bildungsorten* stehen vorwiegend angeleitete (Freizeit-)Aktivitäten wie Musikunterricht, Sportangebote u. Ä. im Vordergrund, welche nicht in Bildungszertifikate münden.
- *Informelle Bildungsorte* zeichnen sich durch eine größere Offenheit und Subjektorientierung aus: Was gelernt wird und wie etwas gelernt wird, entscheidet sich individuell und situativ entlang einer lediglich schwach vorstrukturierten Umgebung. Innerhalb der Kinder- und Jugendhilfe zielen vor allem die Angebote der Jugendarbeit auf informelle Bildungsprozesse ab.

Diese neue Aufmerksamkeit auf Bildung als eine Aufgabe der Kinder- und Jugendhilfe trägt insofern mit zu einer spezifischen Institutionalisierung von Kindheit und Jugend bei, als sich Kinder- und Jugendhilfe prinzipiell an *alle Kinder und Jugendliche* richtet, deren individuelle Bedarfe wiederum in den vielfältigen Arbeitsfeldern angemessen unterstützt werden sollen. Zugleich müssen sich diese Angebote daran messen lassen, inwiefern sie auch tatsächlich in der Lage sind, Bildung zu ermöglichen. Zudem werden mit dieser Zielorientierung unterschiedliche Bildungsvorstellungen (funktional vs. emanzipatorisch), die bspw. institutionell zwischen Schule und Jugendarbeit vorzufinden sind, mitunter verdeckt (siehe hierzu Unterkapitel 5.1).

2.3 Pluralisierung und Individualisierung von Kindheit und Jugend und die Ökonomisierung der Kinder- und Jugendhilfe

Die Hilfeformen der Kinder- und Jugendhilfe haben sich seit der Gründung der Bundesrepublik immer weiter ausdifferenziert und stellen spätestens seit dem Inkrafttreten des Kinder- und Jugendhilfegesetzes (KJHG/SGB VIII) und dessen Reform durch das Kinder- und Jugendstärkungsgesetz (KJSG) im Jahr 2021 eine vielfältige Palette sozialer Dienstleistungen bereit. Damit reagiert die Kinder- und Jugendhilfe auf die Pluralisierung und Individualisierung von Kindheit und Jugend (vgl. Niekrenz & Witte, 2018) und damit auf die heterogenen Bedingungen, in denen Kinder und Jugendliche und ihre Familien aufwachsen:

- Einerseits erweist sich eine solche Individualisierung von Hilfeformen als fachlich sehr anspruchsvoll und mitunter ressourcenintensiv. Im Fallbeispiel der Familie Palm/Müller verschränken sich – auf den individuellen Fall bezogen – verschiedene Hilfeleistungen, deren Ineinandergreifen nicht als selbstverständlich erwartet werden darf. Vielmehr müssen bspw. der Allgemeine Soziale Dienst und die Sozialpädagogische Familienhilfe ihre Angebote eng aufeinander abstimmen.
- Andererseits lässt sie sich als eine logische Konsequenz einer Kinder- und Jugendhilfe begreifen, die rechtlich kodifiziert auf Partizipation (siehe hierzu den Abschnitt 3.3.3) und konzeptionell auf eine Orientierung an den Adressat*innen und ihren Lebenswelten ausgerichtet ist. Die Angebote werden der Familie Palm/Müller nicht einfach nur zugewiesen, sondern die Palette an Möglichkeiten wird mit ihnen *ausgehandelt* (siehe hierzu das Unterkapitel 6.2).

Damit wird eine an den jeweiligen individuellen Hilfebedarfen orientierte Unterstützung für das Aufwachsen in Deutschland angeboten. Zugleich kann diese Individualisierung einen umgekehrten Effekt haben: Mit der Ausdifferenzierung sozialer Dienstleistungen geht eine Spezialisierung einher, welche die Zuständigkeitsbereiche der Dienste und Einrichtungen mancherorts derart verengt, dass für einige Zielgruppen und Problemlagen keine adäquaten Angebote bereitgestellt werden können (vgl. Plankensteiner, 2014, S. 85). Auf diese Problemanzeige wiederum versucht die Kinder- und Jugendhilfe mit einer (erneuten) Flexibilisierung und bedarfsgerechten Verzahnung ihrer bestehenden Angebote zu reagieren (vgl. ebd.).

Allerdings sind nicht nur die Lebenslagen der Adressat*innen und darauf reagierende Hilfeangebote vielfältiger geworden; vielmehr hat sich auch die Trägerlandschaft in den letzten 30 Jahren weiter ausdifferenziert und vielfach unter ökonomisch-betriebswirtschaftlichen Gesichtspunkten neu organisiert. Vielerorts treten seit den 1990er-Jahren privatwirtschaftliche Anbieter Sozialer Dienstleistungen als Jugendhilfeträger auf und füllen oftmals sehr flexibel und passgenau die Lücken der jeweiligen lokalen Hilfelandschaft. Als Effekt dieser Ökonomisierung des Trägermarkts treten Träger dabei wie Unternehmen auf, zuweilen unter Verlust von fachlich profilierteren zugunsten finanziell günstigeren Dienstleistungen (vgl. Galuske, 2008; Seithe, 2016). Dies führt nicht nur zu prekären Arbeitsverhältnissen (vgl. Seithe, 2016, S. 154 ff.), sondern insgesamt zu einem „grundlegend anderen Konzept des Sozialen“ (Kessl, 2018, S. 1629). Die Leistungserbringung der Kinder- und Jugendhilfe rückt in einigen Arbeitsfeldern somit in die Nähe eines marktähnlichen Geschehens (siehe hierzu auch Farrenberg & Schulz, 2020, S. 169 ff.).

2.4 Kinder und Jugendliche mit ‚besonderer Benachteiligung‘

Die Diskurse um Kinder und Jugendliche, die ‚sozial‘, ‚vielfach‘ oder ‚besonders benachteiligt‘ sind, betonen Differenz- bzw. Ungleichheitskategorien wie ‚age‘, ‚class‘, ‚sex‘/‚gender‘ oder ‚race‘/‚ethnicity‘, um daraus eine spezifische Benachteiligung abzuleiten. Zunächst wurde im 12. Kinder- und Jugendbericht (BMFSFJ, 2005) die frühe und mittlere Kindheit betont. Mit dem 15. Kinder- und Jugendbericht (BMFSFJ, 2017) wurde sodann die ‚Jugend‘ als vernachlässigte Lebensphase, sprich als Ungleichheitskategorie (‚age‘) hervorgehoben. Daneben sind weitere spezifische Benachteiligungen immer wieder in den Vordergrund gerückt. Die Kinder- und Jugendhilfe reagiert auf diese Benachteiligungsanzeigen häufig mit projektförmigen Angeboten, die dazu beitragen sollen, diese besonderen Benachteiligungen zu reduzieren. Häufig sind diese Angebote gekoppelt an den Aspekt der Bildungsungleichheit:

Die erste Gruppe, bei der eine erhebliche Benachteiligung angezeigt wurde, waren ‚die Jungen‘ als Bildungsverlierer (vgl. Hurrelmann & Schultz, 2012). Dieser geschlechterbezogene Diskurs ist eng mit dem Diskurs um die Förderung von männlichen Fach- und Lehrkräften in pädagogischen Einrichtungen verknüpft (vgl. Krabel & Stuve, 2006). Ein häufiges Argument, weshalb insbesondere Jungen mehr männliche Professionelle als Gegenüber benötigen, sind die Sozialisationseffekte durch Väter, die auf männliche Fach- und Lehrkräfte übertragen werden: „Entwicklungs- und Tiefenpsychologen haben vielfach die Bedeutung des Vaters und anderer männlicher Bezugspersonen für die Identitätsentwicklung von Jungen hervorgehoben" (Rohrmann, 2006, S. 119). In diesen Studien ist ein zentraler Theoriebezug das Konzept von der männlichen ‚Umweg-Identifikation' nach Chodorow (vgl. Bartjes, 2008, S. 18): Kern des Konzepts ist, dass sich Jungen nur in der Negation des Weiblichen identifizieren können, weil ihnen das männliche Identifikationsobjekt in einer frauendominierten Erziehungswelt fehlt. Dieser Effekt ist jedoch bis heute nicht empirisch als signifikant nachgewiesen (vgl. Koch-Priewe, 2009; Hurrelmann & Schultz, 2012); zugleich ist die alltagstheoretische Plausibilität der geschlechterbezogenen Benachteiligung ungebrochen. Kinder- und Jugendhilfe sieht sich hier also in einer Doppelposition: Einerseits soll sie geschlechtersensibel für sowohl Mädchen, als auch Jungen Barrieren identifizieren und minimieren (gleiches gilt nun auch für Kinder und Jugendliche, die sich als *divers* bezeichnen), andererseits soll sie mit männlichem Personal dem entgegenwirken, dass den männlichen Adressaten ihre Identifikationsfiguren verloren gehen.

Eine zweite, auch medial stark diskutierte Gruppe der Benachteiligten, sind die ‚armen Kinder': Es lässt sich festhalten, dass rein materiell bundesweit jedes sechste Kind von Armut betroffen ist und für mehr als die Hälfte von ihnen Armut keine biografische Episode, sondern eine dauerhafte Problemlage darstellt (vgl. Bundesministerium für Arbeit und Soziales, 2017). Die intergenerationale Weitergabe von und Erfahrung mit relativer Armut ist seit der Feststellung der ‚Infantilisierung von Armut', d. h. der Verlagerung des Armutsrisikos von der älteren auf die jüngere Generation, ein zentraler Forschungsgegenstand.

Eine dritte Gruppe der Benachteiligung lässt sich ebenfalls im Rückgriff auf den 13. Kinder- und Jugendbericht (2009) nachvollziehen, die der gesundheitlich benachteiligten Kinder und Jugendlichen. Mit dem Wandel der allgemeinen gesellschaftlichen Ernährungsverhältnisse wandeln sich die Problemfiguren des gesunden kindlichen und jugendlichen Körpers: Angesichts einer Nahrungsmittelsicherheit, bis hin zu Nahrungsüberfluss in den Ländern des globalen Nordens, hat das ‚dicke Kind‘ den ‚Suppenkasper‘ als Schreckensszenario abgelöst (vgl. Schulz, Rose & Schmidt, 2021). Anhand der dramatisierenden Diskussion um Kinder, die – im Verständnis einer neuen sozialen Kategorie – von Adipositas betroffen sind (vgl. Rose & Schorb, 2017; Zwick, Deuschle & Renn, 2011; Barlösius, 2014), wird die gesellschaftliche Erwartung an eine allgemeine Bildungs- und Selbststeuerungsfähigkeit von Kindern und Jugendlichen besonders augenscheinlich. Den Betroffenen wird dabei häufig unterstellt, dass sie sowohl körperlich wenig beweglich sind, als auch kognitiv nicht wissen, was für den Körper ‚gesund‘ ist. An der Behebung dieses Defizits der körperlichen und geistigen Beweglichkeit und Wendigkeit sollen präventive Angebote in Kindertageseinrichtungen, Schulen und Kinder- und Jugendarbeit mit entsprechenden Programmen wie bspw. ‚Tiger-Kids‘ oder ‚Moby Dick‘ ansetzen, die die reflexive Einsichtsfähigkeit und alternative Handlungsmuster fördern sollen.

Eine vierte Gruppe benachteiligter Kinder und Jugendlicher lässt sich im Kontext von Flucht, Migration und Integration identifizieren. So resümiert der 15. Kinder- und Jugendbericht, dass entlang „der Differenzlinien Staatsbürgerschaft, ethnische Zugehörigkeit und Aufenthaltsstatus [...] in der Bundesrepublik teils dramatische Teilhabedifferenzen“ (BMFSFJ, 2017, S. 139) dokumentiert werden. In jüngerer Vergangenheit gerät hiermit vorrangig die quantitativ bedeutsame Fluchtmigration in den Blick, die im Sommer 2015 die Bundesrepublik erreichte. Zwischen Willkommenskultur einerseits und Rechtspopulismus und Fremdenfeindlichkeit andererseits hatte sie eine außergewöhnlich hohe politische und gesellschaftliche Sprengkraft entfaltet (vgl. Farrenberg, 2017). Angesichts der rapiden Zunahme der Fallzahlen junger Menschen mit Fluchterfahrung wurde die Aufnahme, Unterbringung und Integration der sogenannten ‚unbegleiteten minderjährigen Ausländer*innen‘ (UMA) zu einer Herausforderung für die Sozialen Dienste der örtlichen Jugendämter und Einrichtungen stationärer Erziehungshilfen (vgl. vertiefend hierzu Weeber, 2018). Denn laut geltendem Kinder- und Jugendhilferecht ist eine Inobhutnahme erforderlich, sobald „ein ausländisches Kind oder ein ausländischer Jugendlicher unbegleitet nach Deutschland kommt und sich weder Personensorge- noch Erziehungsberechtigte im Inland aufhalten" (§ 42 SGB VIII). Neben der aktuellen Integrationsaufgabe, die sich mit dieser vulnerablen und oftmals allein schon durch Sprachbarrieren benachteiligten Adressat*innengruppe junger Geflüchteter unmittelbar verbindet, wird die Kinder- und Jugendhilfe mittelbar auch im Zuge des wachsenden Rechtspopulismus als bedeutsamer Akteur markiert. Als Anbieter von Präventionsangeboten und Angeboten politischer Bildung wird an sie der Auftrag adressiert, Demokratie fördernde und Diskriminierungen vorbeugende Alternativen für die heranwachsende Generation aufzuzeigen. Weiterhin ist darauf hinzuweisen, dass Heranwachsende mit Migrationshintergrund bereits seit Jahrzehnten als Adressat*innen identifiziert werden, die in hohem Maße Benachteiligungen ausgesetzt sind (vgl. BMFSFJ, 2013, S. 87 ff.). Nicht nur verfügen Angehörige dieser Adressat*innengruppe über geringere Bildungschancen und sind doppelt so oft von Armut betroffen wie Heranwachsende ohne Migrationshintergrund (vgl. BMFSFJ, 2017, S. 140 u. 153), auch macht der Diskurs über diese Gruppe, teils in stereotypisierender Weise, auf ein Spannungsfeld zwischen Herkunftsfamilie und Mehrheitsgesellschaft aufmerksam, innerhalb dessen divergierende Sprachen, Einstellungen und Handlungsanforderungen verhandelt werden und Fragen von Identität, Zugehörigkeit, Anerkennung und Teilhabe an die heranwachsenden Migrant*innen adressiert werden.

Insgesamt lässt sich für die hier skizzierten Gruppen benachteiligter Heranwachsender festhalten, dass eine zentrale Herausforderung für die Angebote der Kinder- und Jugendhilfe darin liegt, einerseits den speziellen Bedürfnissen dieser Zielgruppe Rechnung zu tragen, ohne dass andererseits Segregation und Differenzzuschreibungen verstärkt werden (vgl. BMFSFJ, 2002, S. 217). Zugleich zeichnen sich mit dem Ausbruch der globalen Infektionskrankheit ausgelöst durch das *Coronavirus* SARS-CoV-2 seit 2020 bei einigen der hier angesprochenen Gruppen weitere, teils massive Einschränkungen ihrer Lebenslagen ab (vgl. Hurrelmann & Dohmen, 2020; Andresen et al., 2020; Klundt, 2021).

2.5 Kinder- und Jugendhilfe im Spannungsverhältnis von Integration und Inklusion

Die von den Fachkräften aus der Kindertageseinrichtung bei Yvette vermutete Entwicklungsverzögerung verweist auf eine weitere, sehr grundsätzliche Herausforderung für das Handlungsfeld Kinder- und Jugendhilfe, nämlich auf ihre Definition von Zielgruppen und Zielbestimmungen, konkret bezogen auf das Thema Inklusion bzw. auf Behinderung als einem weiteren ‚Besonderungsmerkmal'.

Spätestens mit der Ratifizierung der UN-Behindertenrechtskonvention (UN-BRK) 2006 in Deutschland und dem 13. Kinder- und Jugendbericht (2009) ist das Thema Inklusion präsent auf der politischen und fachlichen Agenda. Bezogen auf die Kinder- und Jugendhilfe fehlt es derzeit jedoch noch an einer strukturellen Verankerung von Inklusion. Konkretes Anliegen ist diesbezüglich die Zusammenführung der Leistungen für *alle* Kinder und Jugendlichen in einem Sozialgesetzbuch, im SGB VIII. Bislang existiert mit den Unterstützungsangeboten für eine ‚Rehabilitation und Teilhabe von Menschen mit Behinderungen' (SGB IX) ein weiteres Hilfesystem für junge Menschen mit Behinderung, parallel zu den Angeboten und Leistungen der Kinder- und Jugendhilfe. Eine inklusive Öffnung der Kinder- und Jugendhilfe muss jedoch so vollzogen werden, dass die Leistungen und Angebote, die bisher im SGB IX gewährt werden, nach einer Zusammenführung auch weiterhin Bestand haben. Mit dem Inkrafttreten des Kinder- und Jugendstärkungsgesetz (KJSG) im Jahr 2021 ist zumindest ein erster Grundstein dafür gelegt, dass zukünftig ‚Hilfen aus einer Hand' für Heranwachsende mit und ohne Behinderung im SGB VIII organisiert werden. Diese sogenannte ‚große Lösung' einer inklusiven Kinder- und Jugendhilfe vollzieht sich in einem Drei-Stufen-Modell, welches allerdings noch weiterer Gesetzesänderungen bedarf und dessen Finalisierung für das Jahr 2028 angestrebt wird (Beckmann & Lohse, 2021, S. 7; Walhalla Fachredaktion, 2021, S. 13f.; BVkE/DCV, 2021, S. 10ff.). Daher ist eine signifikante Veränderung mit Blick auf Kinder mit Behinderung kurzfristig nicht zu erwarten.

Die Forderung nach einer inklusiven Kinder- und Jugendhilfe ist vor dem Hintergrund fachlicher Diskussionen um (Nicht-)Zuständigkeiten für Klientelgruppen bzw. der disziplinären Grundfrage, wann ein Kind zu einem (sozial-)pädagogischen Arbeitsgegenstand, also zum ‚Fall' wird, höchst aufschlussreich: Mit dieser Forderung sollen bisher ausgeschlossene Personenkreise in den Zuständigkeitsbereich der Kinder- und Jugendhilfe integriert werden (vgl. Schmidt & Schulz, 2017). Zugleich bedeutet die Umsetzung von Inklusion eine tiefgreifende Veränderung der Kinder- und Jugendhilfepraxis: Einerseits bewegt Kinder- und Jugendhilfe sich immer zwischen den zwei Polen *Hilfe* und *Kontrolle*. Sie sorgt sowohl für die Einhaltung gesellschaftlicher Normen als auch dafür, dass die Adressat*innen in ihren Lebensentwürfen gestärkt und bei der Suche nach individuellen Bewältigungsstrategien unterstützt werden. Dieses doppelte Mandat kollidiert aber andererseits mit dem Anspruch an Inklusion: Inklusion bedeutet, dass das System selbst sich an den individuellen Fähigkeiten und Bedürfnissen der Adressat*innen orientieren muss und daraus entsprechende Maßnahmen zur Förderung von Bildungs- und Entwicklungsprozessen entwickelt statt Einzelne in das bestehende System zu integrieren.

Definition 2.3: Integration und Inklusion

Zielvorstellung von *Integration* ist es, die „vorher ausgegrenzten oder in Sondereinrichtungen beschulten, betreuten oder arbeitenden Menschen mit Behinderung" (Röh, 2011, S. 4) in die Mehrheitsgesellschaft zu integrieren. Damit, so die Kritik, werden die Normen der normalen Mehrheitsgesellschaft reproduziert und Menschen mit Behinderung genötigt, sich diesen anzupassen.

Im Zentrum von *Inklusion* steht stattdessen das Selbstbestimmungsrecht der Menschen mit und ohne Behinderung sowie die Schaffung inklusiver Strukturen. Damit ist eine Barrierefreiheit in allen Lebensbereichen gemeint, d. h. ein Zusammenleben in der Gesellschaft, der Arbeitswelt, im Bildungssystem und Rechtssystem, damit alle Menschen gleichermaßen gleichberechtigt leben können. Der „Index für Inklusion" (Booth & Ain-

> scow, 2019) möchte pädagogische Einrichtungen für Barrieren und Ressourcen sensibilisieren, um Partizipation und ein Lernen für alle zu ermöglichen. Inklusiver Bildung geht es demnach „um die Überwindung des Integrationsparadigmas" (Platte & Krönig, 2017, S. 107). Dies bedeutet, dass Zugehörigkeit „nicht erworben oder unter Beweis gestellt werden [muss], sondern [sie] ist implizite, nicht hinreichende Voraussetzung. Wenn alle Beteiligten gleichermaßen an der gemeinschaftlichen Ausgestaltung einer eigenen Gruppenidentität beteiligt sind, besteht keine Notwendigkeit, etwas oder jemanden zu integrieren" (ebd.).

Die Frage ist demnach dann, inwieweit Kinder- und Jugendhilfe, sofern sie dem Ziel der Inklusion unterliegt, noch ihrem Kontrollauftrag nachkommen kann. Denn die mit dem Kontrollauftrag verbundene Normalisierungsaufgabe stellt eine integrative statt inklusive Form der Bearbeitung von Heterogenität dar. Eine Orientierung am Gedanken der Inklusion erfordert – wie sich auch in den aktuellen Modernisierungsbemühungen abzeichnet – folglich einen fundamentalen Paradigmenwechsel: weg von Konzepten der Integration hin zu Konzepten der Inklusion.

2.6 Kinderrechte und Elternrechte

Im Fallbeispiel der Familie Palm/Müller deutet sich ein weiteres Spannungsverhältnis der Kinder- und Jugendhilfe an – ihre Position im Falle dessen, dass die Rechte von Kindern und das elterliche Recht auf Pflege und Erziehung konträr zueinanderstehen. Elternschaft impliziert „Rechte und Pflichten gegenüber dem Kind und gegenüber Dritten (der Gesellschaft sowie dem Staat in seinem Wächteramt), die zum Teil rechtlich geregelt als auch Gegenstand moralischer und politischer Kontroversen sind" (Schües & Foth, 2019, S. 92f.). Die elterlichen Rechte und Pflichten zur Erziehung und Sorge nehmen hierbei kontinuierlich ab mit dem Älterwerden des Kindes (und der damit einhergehenden Zunahme von Einsichtsfähigkeit und Mündigkeit). Eingriffe in die Rechte von Kindern und Eltern wiederum sind nur bei Gefährdungen des Wohls des Kindes zulässig (Kindeswohlgefährdung). Die gesetzlichen Grundlagen hierfür orientieren sich am fachlichen Maßstab der Verhältnismäßigkeit. Dieses spannungsreiche Verhältnis zwischen den Rechten des Kindes, der Eltern und dem Staat wird in den nachfolgend dargestellten Diskursen unterschiedlich beleuchtet: Auf den Aspekt der Verrechtlichung folgt der der ‚guten Elternschaft' (Unterkapitel 2.7) und der der Kindeswohlgefährdung (Unterkapitel 2.8).

Im Vergleich zu den Kinderrechten ist die Verhältnisbestimmung zwischen den verbrieften elterlichen Rechten und Pflichten zur Erziehung und Sorge der Kinder und denen des Staates historisch betrachtet älter. Der entsprechende Passus, Artikel 6, Satz 2 des Grundgesetzes (GG), ist Teil der bundesrepublikanischen Verfassung. Dort heißt es: „Pflege und Erziehung der Kinder sind das natürliche Recht der Eltern und die zuvörderst ihnen obliegende Pflicht. Über ihre Betätigung wacht die staatliche Gemeinschaft." Wortgleich findet sich dieser grundrechtliche Passus auch in § 1 Abs. 2 des SGB VIII und im Gesetz zur Kooperation und Information im Kinderschutz (KKG) wieder. Der verfassungsrechtliche Rang der Elternrechte wird damit explizit mit den Angebotsformen und Eingriffsmöglichkeiten der Kinder- und Jugendhilfe relationiert, d.h. ins Verhältnis gesetzt. Das sogenannte staatliche Wächteramt beschreibt hierbei die gegenüber den Erziehungs- und Sorgerechten und -pflichten der Eltern nachrangige Erziehungsaufgabe des Staates. Angesprochen sind mit dem staatlichen Wächteramt nicht nur das Jugendamt als Behörde der Exekutive und das Familiengericht als Gerichtsbarkeit der Judikative, sondern darüberhinausgehend die Kinder- und Jugendhilfe insgesamt.

Exkurs: Das staatliche Wächteramt

Das Wächteramt umfasst (vgl. Oelkers & Schrödter, 2008, S. 144 f.):

„eine staatliche *Schutzverpflichtung* gegenüber dem Kind als Grundrechtsträger;

eine *Erziehungsreserve* bei Kindesvernachlässigung oder elterlichem Erziehungsversagen;

eine *Schlichtungsfunktion* bei Konflikten zwischen den Eltern bei Erziehungsfragen und
eine *Schutzfunktion* bei Kindeswohlgefährdung durch missbräuchliche Ausübung elterlicher Erziehungsrechte."
Präzisiert wird das staatliche Wächteramt im Gesetz zur Kooperation und Information im Kinderschutz (KKG) als dem Kern des Bundeskinderschutzgesetzes im § 1 Abs. 3 KKG:
(3) Aufgabe der staatlichen Gemeinschaft ist es, soweit erforderlich, Eltern bei der Wahrnehmung ihres Erziehungsrechts und ihrer Erziehungsverantwortung zu unterstützen, damit

1. sie im Einzelfall dieser Verantwortung besser gerecht werden können,
2. im Einzelfall Risiken für die Entwicklung von Kindern und Jugendlichen frühzeitig erkannt werden und
3. im Einzelfall eine Gefährdung des Wohls eines Kindes oder eines Jugendlichen vermieden oder, falls dies im Einzelfall nicht mehr möglich ist, eine weitere Gefährdung oder Schädigung abgewendet werden kann.

Bezogen auf das Verhältnis von Elternrecht und Kinder- und Jugendhilfe (siehe Abb. 2.1), wird hier erneut das doppelte Mandat der Sozialen Arbeit deutlich: Das Handlungsfeld Kinder- und Jugendhilfe übt das staatliche Wächteramt aus und agiert – neben dem Wahrnehmen seines Bildungsauftrags (z. B. in den Arbeits- und Tätigkeitsfeldern Kindertageseinrichtungen und Jugendarbeit) – spannungsreich zwischen Hilfe und kontrollierendem Eingriff (z. B. in den Tätigkeitsfeldern der Hilfen zur Erziehung und in den Sozialen Diensten des Jugendamtes). Die Leistungsorientierung der Kinder- und Jugendhilfe ist hierbei – wie im Fall der Familie Palm/Müller – auf die soziale Förderung von Kindern, Jugendlichen und ihren Eltern ausgerichtet, also darauf, dass Eltern wieder ihr Erziehungsrecht und ihre Pflicht im Rahmen von Familie ausüben können. Die Inanspruchnahme dieser Leistungen ist grundsätzlich freiwillig. Dies bedeutet, dass Familie Palm/Müller die Leistungsangebote des ASD und des SPFH in Anspruch nehmen kann, sie dazu aber nicht verpflichtet ist. Faktisch können Familien aber – und hier insbesondere die Eltern – den Eindruck gewinnen, dass sie aus moralischen Gründen diese in Anspruch nehmen müssen, da sie ansonsten ihren Kindern schaden. Ebenso werden in der Praxis Fälle sichtbar, in denen das Wahrnehmen von eher niedrigschwelligen Hilfen zur Erziehung – wie der Einsatz einer SPFH – den Charakter von Auflagen erhalten und stärkere Eingriffe in die Familie somit umgangen werden können.

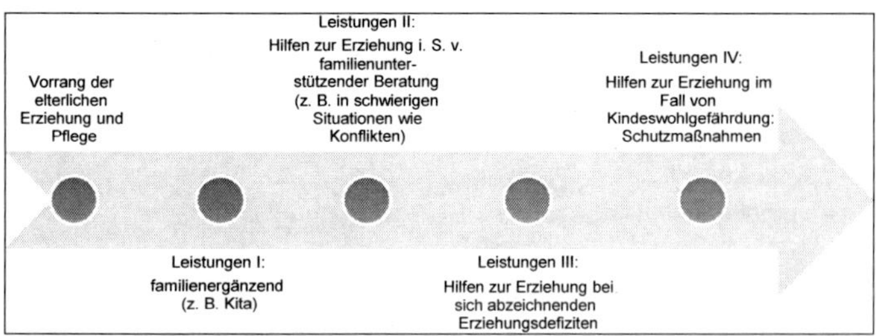

Abb. 2.1: Das Verhältnis von Elternrechten und Kinder- und Jugendhilfe

Zugleich ist auch das Kinder- und Jugendhilferecht, wie wir im Kapitel 3 weiter vertiefen werden, derzeit im Wandel – bspw. soll die Neufassung u. a. die Rechte der Kinder und Jugendlichen stärken. Zentral hierfür ist die 1989 verabschiedete und in Deutschland seit 1992 gültige UN-Kinderrechtskonvention sowie das Partizipationsgebot des § 8 SGB VIII (siehe den nachfolgenden Exkurs). Hinzu kommt die aktuell vorerst gescheiterte Änderung des Grundgesetzes bezüglich der Aufnahme eines Kindergrundrechts (Redaktionsschluss Februar 2022).

Hinweis: Wann endet Kindheit?

Wir möchten an dieser Stelle allgemein darauf verweisen, dass bspw. für die UN-Kinderrechtskonvention alle Menschen bis 18 Jahre als Kinder gelten, also hier nicht zwischen Kindheit, Jugend und Erwachsenheit unterschieden wird, sondern nur zwischen Kindheit und Erwachsenheit. Differenziertere altersgradierte Unterscheidungen finden wir hingegen u. a. in pädagogischen Konzepten und Angeboten, aber auch in Rechtsnormen, wenn es bspw. um die Strafmündigkeit von Heranwachsenden geht oder um die Leistungsberechtigten, wie sie in § 7 SGB VIII definiert werden (siehe vertiefend die rechtlichen Altersunterscheidungen im Abschnitt 3.2.1).

Die Rechte von Kindern, wie sie über die UN-Kinderrechtskonvention ratifiziert sind, „unterscheiden zwischen Überlebens- und Schutzrechten, Entwicklungs- und Partizipationsrechten", so der 14. Kinder- und Jugendbericht (vgl. BMFSFJ, 2013, S. 104f.). Der Bericht verweist auch darauf, dass diese Rechte zusammen eine „Basis [bilden], von der aus Wohlbefinden definiert werden kann" (ebd., S. 105).

Exkurs: Partizipationsgebot des SGB VIII

§ 8 SGB VIII buchstabiert die Beteiligung von Kindern und Jugendlichen wie folgt aus:

(1) Kinder und Jugendliche sind entsprechend ihrem Entwicklungsstand an allen sie betreffenden Entscheidungen der öffentlichen Jugendhilfe zu beteiligen. Sie sind in geeigneter Weise auf ihre Rechte im Verwaltungsverfahren sowie im Verfahren vor dem Familiengericht und dem Verwaltungsgericht hinzuweisen.

(2) Kinder und Jugendliche haben das Recht, sich in allen Angelegenheiten der Erziehung und Entwicklung an das Jugendamt zu wenden.

(3) Kinder und Jugendliche haben Anspruch auf Beratung ohne Kenntnis des Personensorgeberechtigten, solange durch die Mitteilung an den Personensorgeberechtigten der Beratungszweck vereitelt würde. [..].

(4) Beteiligung und Beratung von Kindern und Jugendlichen nach diesem Buch erfolgen in einer für sie verständlichen, nachvollziehbaren und wahrnehmbaren Form.

Das Handlungsfeld Kinder- und Jugendhilfe ist demnach gegenüber Kindern und Jugendlichen verpflichtet, ihnen zu ermöglichen, dass sie sich beteiligen können und sie sich – unabhängig von ihren Personensorgeberechtigten – beraten lassen können. Die häufig vorgebrachte Kritik, dass hier Kinderrechte gegen Elternrechte ausgespielt werden könnten und sich die Kinder- und Jugendhilfe dabei tendenziell eher auf die Seite der Kinder stellt, lässt sich nicht einfach mit einem Verweis auf die UN-Kinderrechtskonvention entkräften. Schließlich werden die Elternrechte darin in den Artikeln 5 und 18 ausdrücklich gestärkt. Allerdings gehen diese Artikel mit der derzeitigen Rechtsauffassung einer Kindzentrierung einher, wonach sich „die Rechte der Eltern aus ihren Pflichten gegenüber den Kindern bzw. deren Rechten ergeben und zugleich durch sie begrenzt werden" (Schües & Foth, 2019, S. 93). Die Elternrolle wird somit über ihre Funktion für das kindliche Wohlergehen definiert.

2.7 Neue Aufmerksamkeit auf Eltern und das Praktizieren ‚guter Elternschaft'

Mit diesem engen Zusammenhang von kindlichem Wohlergehen und darauf ausgerichteter Wahrnehmung der Elternrolle ist ein weiterer, teils äußerst moralisch und kontrovers geführter Diskurs benannt, nämlich der der ‚richtigen' elterlichen Erziehung für ein ‚gutes Aufwachsen' ihrer Kinder. Auch die Eltern von Yvette und Tom müssen sich der Frage stellen, ob ihr familialer Alltag ‚gut' für ihre Kinder ist und welche Impulse von ihren Erziehungsbemühungen ausgehen.

Zunächst ist die Familie sowohl aus soziologischer als auch erziehungswissenschaftlicher Perspektive als eine eigenständige Bildungsinstanz mit differenten innerfamilialen Handlungs- und Entscheidungsmustern zu verstehen. Familien entwickeln demzufolge auch individuelle Bildungsstrategien und vermitteln eigene Bildungsgehalte (vgl. Büchner & Brake, 2006; Lange & Soremski, 2012; Krinninger & Schulz, 2020; Farrenberg, 2013). Nach Brake und Büchner (2013) ist „die Familie als biografisches Zentrum und wichtiger bildungsbiografischer Möglichkeitsraum zu begreifen, in dem grundlegendes kulturelles und soziales Kapital erworben wird, um eine anschlussfähige soziale und kulturelle Teilhabe in Familie und Gesellschaft zu ermöglichen" (ebd., S. 513). Demnach wird Bildung als Erwerb „einer allgemeinen Lebensführungs- und Lebensbewältigungskompetenz" (Rauschenbach, 2009, S. 94) und Familie „als Bildungswelt eigener

Art“ (Lange & Xyländer, 2011, S. 62 ff.) gefasst und nicht auf die Aneignung von Kompetenzen bzw. auf die kompensatorische Vermittlung von institutionell erforderten Kompetenzen beschränkt. Familien sind daher nicht ausschließlich als Zulieferer für formale Bildungsprozesse zu bewerten. Nichtsdestoweniger wird die Bedeutung der Familie für den (vor-)schulischen Bildungserfolg bspw. anlässlich der Veröffentlichungen international vergleichender Schulleistungsstudien immer wieder intensiv diskutiert. Mit dem Wandel wohlfahrtsstaatlicher Strukturen ist die individuelle Vorsorge – und die entsprechende Befähigung – an die Stelle öffentlicher Fürsorge getreten.

Exkurs: Familiale Bildung und Milieudifferenzen

Bildungssoziologische Studien zeigen hierzu ergänzend, wie sich familiale Bildungsgeschehen in Familien unterschiedlicher sozialer Milieus unterscheiden: So hat Lareau (2011) unterschiedliche Bildungsstrategien als „cultural repertories“ von Mittelschichtfamilien, Familien aus dem Arbeitermilieu sowie von Armut betroffenen Familien untersucht und je nach milieuspezifisch-lebensweltlicher Einbindung andere Wirkungsverflechtungen typologisiert. Den Familien aus der Mittelschicht schreibt sie eine Orientierung an der Figur einer „concerted cultivation“ (ebd., S. 2) zu. Nach dieser sind institutionelle, familial organisierte und im Familienalltag eingebettete Bildungsprozesse aufeinander abgestimmt und führen zur Entwicklung eines Berechtigungssinns. Dieser begünstigt die Aneignungsprozesse der Heranwachsenden und das Wahrnehmen von bildungsbürgerlich-orientierten Lernanlässen. Für Familien aus dem Arbeitermilieu und von Armut betroffene Familien rekonstruiert sie das Muster eines „natural growth“ (ebd., S. 3), nach dem die Bildung der Kinder kaum familial strukturiert wird. Kinder verfügen über eine überwiegend schwach strukturierte Freizeit, und es bildet sich bei ihnen insgesamt ein Beschränkungssinn aus, welcher sich hinderlich bezogen auf die genannten Aneignungsprozesse und das Wahrnehmen von Lernanlässen auswirkt. Ähnliche Befunde liegen in den Studien von Bremer (2012) und Farrenberg (2013) vor, in denen jeweils die Bildungsmotivation und Bildungsstrategien von bildungsnahen, aufstiegsorientierten und bildungsfernen Familien bzw. Milieus typologisiert wurde.

Vor dem Hintergrund dieser individuell verantworteten Vorsorge rücken Familien maßgeblich in die öffentliche und politische Aufmerksamkeit im Hinblick auf ihre Leistungen für eine erfolgreiche Bildungslaufbahn ihrer Kinder und eine dadurch gesicherte Beschäftigungsfähigkeit (vgl. Kutscher & Richter, 2011; Richter & Andresen, 2012; Fegter, Heite, Mierendorff & Richter, 2015; Jergus, Krüger & Roch, 2017): Eltern sollen sich mit dafür verantwortlich fühlen, Kinder bei ihrem Bildungserwerb optimal zu unterstützen. Insgesamt wird hierfür immer intensiver eine stärkere wechselseitige Bezugnahme der öffentlichen und privaten Leistung für eine ‚gute' Bildung der Heranwachsenden eingefordert, was sich z. B. im Bereich der Kindertageseinrichtungen als „Erziehungs- und Bildungspartnerschaft" (Betz, 2018) und im Bereich der Hilfen zur Erziehung als ‚Kooperation' konkretisiert. Zugleich werden die familialen Leistungen unter der normativen Zielvorgabe des institutionellen Bildungserfolgs als ambivalent bewertet. Sie stehen insbesondere bei Familien in sozioökonomisch prekären Lagen unter kritischer Beobachtung, wird doch davon ausgegangen, dass sich Bildungsbenachteiligungen weiter ‚vererben'. Die Leistungen dieser Familien für den *Learning Outcome* der Kinder gelten entsprechend als unterstützungs- und ergänzungsbedürftig.

Diese Setzungen bestimmen die Debatte um das Verhältnis von öffentlichen und privaten Leistungen. Die Professionellen im Handlungsfeld der Kinder- und Jugendhilfe sind also maßgeblich an dieser gesellschaftlichen Vorstellung von ‚guter Elternschaft' beteiligt, indem sie bewerten und beurteilen, ob und wie Eltern sich um ihre Kinder sorgen und sie für jene eine ‚gute' oder ‚riskante' Familie sind (vgl. Fegter, Heite, Mierendorff & Richter, 2015). Diese Tendenz zur Diskriminierung verschärft sich umso mehr, wenn weitere Ungleichheitsdimensionen sich überkreuzen: So zeigten Westphal, Motzek-Öz und Otyakmaz (2017), dass Eltern mit Migrationshintergrund sich selbst häufig in der Situation sehen, Professionellen im Handlungsfeld der Kinder- und Jugendhilfe zeigen respektive beweisen zu müssen, dass sie ‚gute Eltern' sind.

2.8 Kindeswohlgefährdung

Bezogen auf Familie Palm/Müller, lässt sich nicht nur für die Bildungs- und Erwerbsbiografien von Yvette und Tom die Frage stellen, ob sie unter ‚riskanten Bedingungen' aufwachsen; auch bezogen auf ihre Unversehrtheit und ihr Wohlergehen kann die Frage gestellt werden, ob diese Kinder ggf. zu einem späteren Zeitpunkt geschützt werden müssen, da Robert Palm gegenüber Gabi Müller bereits mehrfach körperlich und psychisch gewalttätig wurde.

Vor dem Hintergrund, dass in den vergangenen fünfzehn Jahren einige dramatische Fälle von Kindeswohlgefährdung mit Todesfolge infolge elterlicher Gewalt medial publik gemacht wurden, ist der Ruf nach einem konsequenteren Kinderschutz nachvollziehbar. In der Öffentlichkeit spiegelte sich ein großes Unverständnis gegenüber der Fachpraxis der Kinder- und Jugendhilfe wider, welches mancherorts in Unmut und Anklage umschlug: Wie kann es sein, dass das Kindeswohl in einer Familie, die dem Jugendamt bekannt ist und die von einem Sozialen Dienst erzieherisch betreut wird, infolge von Gewalt oder Vernachlässigung so akut gefährdet ist, dass Gefahr für Leib und Leben des Kindes besteht? Warum hat das Jugendamt, warum haben die Erziehungshilfen hier nichts unternommen? „Defizite beim Austausch von Informationen und Schwierigkeiten in der Zusammenarbeit verschiedener Akteure stellen nach fachlicher Einschätzung das wohl am häufigsten identifizierte Problem bei einer rückblickenden Aufarbeitung fehlgeschlagener Kinderschutzfälle dar" (BVkE/DCV, 2021, S. 15). Jenseits dessen stellt die Faktizität von Fällen nicht abgewendeter Kindeswohlgefährdung jedoch auch den seit den Fachdebatten der 1980er-Jahre zunehmend praktizierten *„Ansatz des Helfens statt des Strafens"* (Biesel & Urban-Stahl, 2018, S. 11) auf eine harte Probe. Sowohl die dramatischen Fälle selbst als auch die mit ihnen verbundenen Vorwürfe – die Infragestellung der Fachlichkeit und Professionalität von Jugendamt sowie den erzieherisch tätigen

Sozialen Diensten – setzen die Kinder- und Jugendhilfe und die dort tätigen Sozialarbeiter*innen unter Druck und fordern zu fachlichen wie politischen Reaktionen auf.

Definition 2.4: Kindeswohlgefährdung
Unter *Kindeswohlgefährdung* „werden gewöhnlich Formen körperlicher und psychischer Misshandlung, körperliche und emotionale Vernachlässigung sowie sexueller Missbrauch zusammengefasst. Dabei spielt sexuelle Gewalt in der frühen Kindheit eine untergeordnete Rolle. Die Grenzen zwischen unangemessenen Körperstrafen und Misshandlung einerseits und andererseits zwischen mangelnder Fürsorge und Vernachlässigung lassen sich als fließend beschreiben. Kinder können sowohl von Vernachlässigung wie von Misshandlung betroffen sein, wobei körperliche Misshandlung die am leichtesten erkennbare Form sein dürfte“ (BMFSFJ, 2009, S. 89).

Der Gesetzgeber reagierte 2012 hierauf mit der Verabschiedung des Bundeskinderschutzgesetzes sowie einer Stärkung des Kinderschutzes im bestehenden Gesetzeswerk des SGB VIII. Weitere Reformen zur Verbesserung des Kinder- und Jugendschutzes sind 2021 mit dem Kinder- und Jugendstärkungsgesetz (KJSG) in Kraft getreten. Unter anderem sollen Heranwachsende durch eine Stärkung der Zusammenarbeit zwischen den beteiligten Akteuren sowie eine Erhöhung der damit einhergehenden Verbindlichkeiten zukünftig ebenso besser geschützt werden, wie durch neue Regelungen zur Betriebserlaubnis und Kontrolle von Einrichtungen der Kinder- und Jugendhilfe (vgl. Walhalla Fachredaktion, 2021, S. 9ff.; BVkE/DCV, 2021, S. 15ff.). Über ein Aktionsprogramm der Bundesregierung (vgl. BMFSFJ, 2006) und die Gründung eines nationalen Zentrums (Nationales Zentrum Früher Hilfen, o.J.) wurden zudem die sogenannten ‚Frühen Hilfen‘ als Teil einer flächendeckenden Kinderschutzoffensive implementiert (vertiefend auch hierzu Abschnitt 5.3.4). Insgesamt kann von einer zunehmenden Institutionalisierung des Kinderschutzes gesprochen werden, die sich aus einer nach wie vor anhaltenden Reformdynamik speist (vgl. Heinitz & Slüter, 2018, S. 45).

Nicht nur die im Jugendamt tätigen Fachkräfte, sondern alle Fachkräfte, die im Kontext der Kinder- und Jugendhilfe sowie darüberhinausgehend beruflich mit Kindern und Jugendlichen zusammentreffen, sind aufgerufen, Verdachtsmomenten nachzugehen und ggf. eine Gefährdungseinschätzung vorzunehmen. Sie werden hierbei unterstützt von einer neugeschaffenen Funktionsstelle: die *insoweit erfahrene Fachkraft.* Unter diesem sperrigen Begriffskonstrukt verbirgt sich eine, gemeinhin innerhalb der Kinder- und Jugendhilfe tätige und besonders geschulte Fachkraft, welche Fachkräften, die sich mit Verdachtsmomenten im Kontext von Kindeswohlgefährdung konfrontiert (und oftmals überfordert) sehen, beratend und prozessbegleitend Unterstützung bietet (vgl. vertiefend hierzu Heinitz & Slüter, 2018). Eine solche beratende Moderation bildet bei der Gefährdungseinschätzung von potenziellen Kinderschutzfällen eine niedrigschwellige Hilfe, die es erlaubt, Verdachtsmomenten klärend nachzugehen, bevor eine offizielle Meldung beim Jugendamt eingereicht wird:

- Erstens findet hierdurch faktisch eine Entlastung der Sozialen Dienste der örtlichen Jugendämter statt.
- Zweitens reagiert die Implementierung der insoweit erfahrenen Fachkraft auch auf die Unsicherheit von Fachkräften, die wenig Erfahrung mit Kinderschutzfällen haben und aus Angst vor Fehlentscheidungen inzwischen nicht selten dazu neigen, vermeintlich gefährdete Kinder auch in solchen Fällen „aus Eigenschutzgründen präventiv in Obhut zu nehmen, wo sie unlängst noch Familien ambulant begleiten ließen" (Böwer & Kotthaus, 2018, S. 10).

2.9 Aufwachsen unter Pandemiebedingungen

Der als ‚Corona-Krise' bezeichnete, durch das *Coronavirus* SARS-*CoV*-2 ausgelöste Ausbruch einer globalen Infektionskrankheit sowie die hierauf antwortenden Schutzmaßnahmen strukturieren sowohl das Aufwachsen von Kindern und Jugendlichen als auch die Arbeit der Kinder- und Jugendhilfe seit 2020 nachhaltig. Nicht nur verursachte diese Krise kaum absehbare längerfristige Folgen für die Kinder und Jugendlichen selbst, auch setzten Maßnahmen des Gesundheitsschutzes, insbesondere in Gestalt von Schließungen (Lockdown), die bislang gängige Kinder- und Jugendhilfepraxis einer ‚institutionell betreuten Kindheit' (siehe Unterkapitel 2.2) vielfach weitestgehend aus (vgl. Seithe, 2021): So wurden während des ersten Lockdowns im Frühjahr 2020 sowohl Kindertageseinrichtungen und ähnliche Einrichtungen der Kinderbetreuung als auch weitere Angebote der Kinder- und Jugendhilfe in den politischen Diskussionen nachrangig behandelt. Es wurde zwar über Fragen wie bspw. des Kinderschutzes, der Bildungsbenachteiligung und -gerechtigkeit sowie der bildungsbiografischen Anschlussfähigkeit z. B. von Kindern im Übergang von Kindertageseinrichtungen in Grundschulen diskutiert, jedoch verdeckte der Begriff der (Not-)Betreuung die vielfältigen gesellschaftlichen Bildungs- und Erziehungsfunktionen kindheits- und jugendpädagogischer Einrichtungen. Die hohe Bedeutung einer Gleichaltrigenkultur, die sich unter den Vorzeichen einer ‚institutionell betreuten Kindheit' auch in pädagogischen Einrichtungen entfalten kann, ist wissenschaftlich für soziale Bildungsprozesse hinreichend belegt. Faktisch sind insbesondere Kinder aber auch Jugendliche darauf angewiesen, dass ihnen die Erwachsenenwelt weiterhin diese Zugänge verschafft, um ihnen wesentliche Sozialkontakte zu ermöglichen. Der politische und gesellschaftliche Diskurs beschäftigte sich jedoch eher mit Fragen, welche die Erwachsenen direkt betreffen – bspw. in Debatten um situative Entlastungsmöglichkeiten für Arbeitnehmer*innen – während Kinder und Jugendliche mit ihren Bedürfnissen und Rechten, so wie ihre Vertreter*innen aus den Arbeitsfeldern der Kinder- und Jugendhilfe zeitweise kaum gehört wurden (vgl. Seithe, 2021, S. 39 f.; Klundt, 2021, S. 89 ff.; Andresen et al., 2020).

2.10 Zusammenfassung

Die Frage, wie Probleme überhaupt zu *sozialen Problemen* werden, also zu solchen, die die Kinder- und Jugendhilfe als ein Handlungsfeld der Sozialen Arbeit bearbeiten soll, lässt sich nicht ohne die Berücksichtigung gesellschaftlicher Diskurse um Kindheit und Jugend und den darin formulierten teils widersprüchlichen Erwartungen, welche Sozialisationsinstanzen sich um welche Aspekte zu kümmern haben, beantworten. Mit den Erwartungen werden fachliche Fragen verknüpft, die erstens mit der Institutionalisierung von Kindheit und Jugend, zweitens mit den Effekten der Pluralisierung und Individualisierung von Kindheit und Jugend sowie der Ökonomisierung der Kinder- und Jugendhilfe und drittens mit der Beobachtung und Förderung von ‚besonders benachteiligten Kinder und Jugendlichen' verbunden sind. Dieser Anspruch einer Minimierung von Benachteiligungseffekten durch Angebote der Kinder- und Jugendhilfe setzt sich auch in den Diskussionen um Integration und Inklusion sowie um das Verhältnis von Kinder- und Elternrechten weiter fort. Dabei geraten nicht nur Kinder und Jugendliche in den Fokus fachlicher Diskussionen, sondern auch deren Familien respektive deren Eltern, denen eine entweder ‚gute' oder ‚schlechte' Elternschaft zugeschrieben wird.

Die acht, teils miteinander verschränkten Diskursstränge, die wir hier stark verdichtet – und damit immer auch verkürzend – aufgefächert haben, stellen sicherlich nicht alle für die Kinder- und Jugendhilfe seit der Jahrtausendwende zentralen Themen dar. Jedoch organisieren sie maßgeblich die Vorstellung davon, was Kinder- und Jugendhilfe zu leisten hat. In den nachfolgenden Kapiteln werden wir vor diesem Hintergrund rechtliche und organisationale Grundlagen sowie die Ausdifferenzierung in unterschiedliche Angebote der Kinder- und Jugendhilfe, konkretisiert in Arbeits- und Tätigkeitsfelder, weiter ausbuchstabieren.

3

3 Historische Entwicklungen und rechtlich-organisationale Grundlagen

Wenn Sie dieses Kapitel durchgearbeitet haben, haben Sie einen Überblick über die historische Entwicklung sowie über die rechtlichen und organisationalen Grundlagen der Kinder- und Jugendhilfe erhalten. Sie sind in der Lage, zu begründen, weshalb sich die gesellschaftlichen Anforderungen an die Kinder- und Jugendhilfe wandeln und wie sich die tägliche Arbeit innerhalb der Arbeits- und Tätigkeitsfelder der Kinder- und Jugendhilfe rechtlich und organisatorisch ausdifferenziert.

3.1 Historische Entwicklungen

Das Handlungsfeld der Kinder- und Jugendhilfe unterliegt einem komplexen historischen Wandel. Das heutige Verständnis von Kinder- und Jugendhilfe speist sich historisch betrachtet aus drei, sich seit Mitte des 19. Jahrhunderts entwickelnden Aufgabengebieten:

1 Der *Kinder- und Jugendfürsorge*, die die „Interventionen in Familien zur Vermeidung einer Kindeswohlgefährdung" (Schröer & Struck, 2018, S. 18) organisiert und ihre Anfänge in der Kinderarmenfürsorge und den Waisenhäusern hat;
2 der *Kinder- und Jugendpflege*, die die „allgemeinen Angebote zur Erziehung, Bildung, sozialen Unterstützung und zum Schutz von Kindern, Jugendlichen und jungen Volljährigen" (ebd.) zur Verfügung stellt, fördert und maßgeblich durch die Jugendbewegung beeinflusst ist;
3 der *Kleinkindpädagogik*, die ihre Wurzeln in den Kleinkinderbewahranstalten und Kleinkinderschulen hat (vgl. Thole, 2012, S. 23 f.).

Historisch-systematisch drückt sich dieser zentrale Schwerpunkt Sozialer Arbeit auf die Personengruppen *Kinder* und *Jugendliche* auch in der klassischen Definition aus, mit der Gertrud Bäumer 1929 Sozialpädagogik begrifflich fasst: Diese sei „alles [,] was Erziehung [ist], aber nicht Schule und nicht Familie" (Bäumer, 1929/1998, S. 149). Zentral ist dabei das veränderte Verständnis der Adressat*innengruppe. Bis ins 18. Jahrhundert wurden Kinder und Jugendliche gleich wie Erwachsene behandelt, erst mit dem 19. Jahrhundert wurden Kinder und Jugendliche als spezifische Zielgruppe definiert.

Exkurs: Das veränderte Bild vom Kind und Jugendlichen

Historisch lassen sich bis ins 18. Jahrhundert zahlreiche Variationen finden, welche in ambivalenter Weise einerseits mit Verweis auf die christliche Symbolik der Erbsünde das Bild vom ‚bösen Kind' akzentuieren, während andererseits das Bild vom engelsgleichen, unschuldigen Kind vermittelt wird. Mit letzterem Kindbild wird sowohl auf die Reinheit des Jesuskindes als auch auf die zu betrauernde hohe Kindersterblichkeit und die Kultur der Romantik Bezug genommen (vgl. Honig, 1999, S. 22; Ariès, 2007; Baader, 2004). Jedoch ist seit dem 19. Jahrhundert das Bild vom Kind nahezu ungebrochen positiv besetzt, wenn nicht gar überhöht, da davon ausgegangen wird, dass lediglich die äußeren sozialen Einflüsse das ‚gute Kind' gefährden. Zugleich ist die christliche Vorstellung des ‚bösen Kindes' in ein von der Normalität abweichendes, ‚schwer erziehbares' oder zu ‚therapierendes' Kind transformiert worden (vgl. Richter, 1993). Das Kind kann so wieder durch pädagogisch-therapeutischen Einfluss ‚normalisiert' werden (vgl. von Stechow, 2004). Diese Vorstellung vom Kind hängt eng mit den sich im 19. Jahrhundert etablierenden interdisziplinären Kinderwissenschaften zusammen. Diese nahmen die (natur-)wissenschaftliche Erforschung kindlicher Entwicklung und die Lebenssituationen von Kindern in den Blick – verbunden mit der Überlegung, welche öffentlichen Unterstützungen Kinder erhalten sollten. Eine der zentralen Fragen war, weshalb es öffentliche vorschulische Einrichtungen für jüngere Kinder geben soll. Sie wird pädagogisch in zwei verschiedene Richtungen beantwortet (vgl. Reyer, 2006, S. 58ff.): Einerseits war ein Fürsorgemotiv stark verbreitet, welches beinhaltete, dass nur diejenigen Kinder öffentlich betreut werden sollen, für die keine ausreichende familiale Betreuung vorhanden ist – z.B. weil die Eltern lange arbeiten müssen, um den Lebensunterhalt für die Familie zu verdienen. Folglich ergänzen diese Leistungen das, was primär die Familie erbringen sollte. Andererseits lässt sich auch ein bildungspolitisches Motiv finden, welches zum Ziel hat, allen Kindern gleichermaßen einen Zugang zu Bildung zu ermöglichen. So war Bildung bspw. für Friedrich Fröbel und die von ihm begründeten ‚Kindergärten' ein zentrales Motiv und sollte als Kleinkindpädagogik idealerweise die familialen Bildungsleistungen ergänzen. In beiden Fällen geht es also um familienergänzende Leistungen, die sich an Kinder richtet und außerhalb ihrer Familie erfüllt werden. Aktuell lassen sich in den Verständnissen über die Adressat*innengruppe ‚Kind' beide Aspekte finden – sowohl das Fürsorgemotiv im Kind als Risikoträger und -faktor als auch die Bildungsorientierung im kompetenten und lernwilligen Kind (vgl. Betz & Bischoff, 2013).

Das Verständnis der Adressat*innengruppe der *Jugendlichen* war hingegen mit dem Aufkommen der Begrifflichkeit ‚Jugendlicher' zunächst negativ belegt: In den 1870er-Jahren wurden als Jugendliche zunächst nur junge männliche Rechtsbrecher angesprochen, denen eine spezifische Behandlung durch die *Jugendfürsorge* zukommen musste (vgl. Roth, 1983, S. 106). Dieses negative Verständnis von Jugend und Jugendlicher veränderte sich in der Wende vom 19. zum 20. Jahrhundert. Das Phänomen *Jugend* wird mit positiven Konnotationen wie ‚Natürlichkeit', ‚Aufbruch', ‚Neuerfindung' und ‚Veränderung' belegt, wie es bis hinein in kulturhistorischen Formen wie bspw. dem ‚Jugendstil' nachgezeichnet werden kann. Zugleich aber werden die Grenzen zwischen Kindheit und Jugend diffus: So sind bspw. als Titelmotive der Monatszeitschrift ‚Jugend', einem in der Wende vom 19. zum 20. Jahrhundert äußerst populären Magazin, sowohl Kleinkinder als auch Jugendliche abgebildet. Der Begriff *Jugendliche* hat sich im Vergleich zum Kindbild im Verlauf der letzten zwei Jahrhunderte erst allmählich zu einem teils positiv, teils auch ambivalent besetzten Begriff für junge Männer und Frauen entwickelt.

Mit diesem Wandel des Verständnisses der Adressat*innengruppe haben sich die Motive der Aufgabengebiete gewandelt: So wurden etwa im Bereich der *Jugendfürsorge* die bewahrpädagogischen Motive nach und nach durch eine Bildungs- und Subjektorientierung ersetzt. Aus dem ‚gefährlichen Jugendlichen', welcher grundsätzlich diszipliniert werden musste (vgl. Anhorn, 2010), wird der in Teilen gefährdete Jugendliche, der einer Bildungs- und sozialen Teilhabeförderung bedarf. Exemplarisch wird auch hier sichtbar, wie sich die Vorstellungen über Heranwachsende seit den Anfängen der Kinder- und Jugendhilfe verschoben haben.

Die beschriebene Motivverschiebung ist nicht nur für die Kinder und Jugendlichen und die Art und Weise, wie sie von der Kinder- und Jugendhilfe adressiert werden, von Bedeutung. Gleichfalls ist sie Ausdruck eines gesellschaftlichen Wandels, wie nachfolgend in den historischen Schlaglichtern auf die gesetzlichen Rahmenbedingungen der Leistungen für Kinder und Jugendliche deutlich wird:

- Am 1. April 1924 tritt das Reichsjugendwohlfahrtsgesetz (RJWG) in Kraft. Damit wurden die verschiedenen Stränge der Jugendpflege und Jugendfürsorge gebündelt und in eine rechtlich verbindliche Struktur eingebunden. Rückblickend wurde das Gesetz als ‚Jugendamtsgesetz' bezeichnet, weil es nicht zum Ziel hatte, die Interessen der Jugendlichen zu vertreten und primär für ihre Wohlfahrt einzutreten. Vielmehr sollte es eine gesetzliche Grundlage schaffen, damit die Maßnahmen in Erziehungsinstitutionen vereinheitlicht und in einen Rechtsrahmen überführt werden konnten (vgl. Struck & Schröer, 2011, S. 725). Entsprechend erwachsenen- und institutionenzentriert gestaltete sich die in vielen Fällen bevormundende und eingriffsorientierte Jugendfürsorge unter den gesetzlichen Vorzeichen des RJWG. Sie war maßgeblich von der Idee geleitet, einer drohenden Verwahrlosung der Jugend mit Vehemenz gegenüberzutreten. Die bewahrpädagogische Fokussierung erscheint passend für die unruhigen und fragilen politischen Zeiten der Weimarer Republik. Dieses Gesetz und die gesellschaftlichen bzw. politischen Verhältnisse sind wirkmächtige Kontexte für die Etablierung des Bewahrmotivs in der Jugendfürsorge. Dieses Motiv erfuhr nicht nur eine Radikalisierung und rassistische Umdeutung zur Zeit des Nationalsozialismus, vielmehr stellte es auch nach Kriegsende das primäre Rationalisierungsmuster der Jugendwohlfahrt in den Anfängen der Bundesrepublik dar. Selbst nach der Gesetzesnovelle in Gestalt des 1961 in Kraft getretenen ‚Gesetzes für Jugendwohlfahrt' (JWG), welches das RJWG formal ablöste, blieb dessen dominanter verwaltungs- und eingriffsorientierte Charakter weiterbestehen (vgl. Struck & Schröer, 2011, S. 806).

Exkurs: Die Kinder- und Jugendhilfe zur Zeit der Diktatur des Nationalsozialismus

Bereits in den letzten Monaten der Weimarer Republik trat im November 1932 eine ‚Verordnung über Jugendwohlfahrt' in Kraft, welche es erlaubte, jungen Menschen mit einer Behinderung die Fürsorgeleistung zu entziehen. Rückwirkend ist darin ein erster Schritt des nationalsozialistischen Programms zur Ausschaltung sogenannter ‚Minderwertiger' zu sehen. In weiteren Schritten, u.a. durch die Gründung eines ‚Reichskuratoriums für Jugendertüchtigung', wurde die eingriffsorientierte Jugendfürsorge des RJWG mit der rassenhygienischen Ideologie des Nationalsozialismus aufgeladen. Durch Hitlers Ermächtigungsgesetz ‚zur Behebung der Not von Volk und Reich' wurde sie im März 1933 auch formal-strukturell in die Nationalsozialistische Volkswohlfahrt überführt. Die bestehende Jugendwohlfahrt und Jugendverbandsarbeit wurde damit umgeformt in ein System aus Wehrertüchtigungsübungen, Arbeitsdienstpflicht sowie den nationalsozialistischen Jugendverbänden (Hitlerjugend und Bund Deutscher Mädel). Erziehungsanstalten wurden umprogrammiert oder geschlossen und das Programm der Fürsorgeerziehung und der sozialpädagogischen Integration wurde durch eine Orientierung an Auslese und Normalerziehung ersetzt. Der überwiegende Teil der weiter existierenden Einrichtungen und Träger wurde hierbei nicht nur durch die NS-Diktatur kontrolliert, sondern setzte deren Vorgaben inklusive der Vernichtung sogenannten, ‚minderwertigen Lebens' aktiv mit um (vgl. Knab, 2014, S. 24ff.; Struck & Schröer, 2011, S. 805). Mit dem Ziel einer ‚Erziehung zur Volksgemeinschaft' unterschied eine sich als wissenschaftlich-biologisch verstehende, rassenhygienische Auslesepraxis zwischen Erziehungsfähigen und Unerziehbaren (vgl. Rätz, 2018, S. 71): Einer Normalisierung und Idealisierung der ‚Brauchbaren' stand somit die Internierung und Auslöschung sogenannter ‚Minderwertiger' entgegen. Diese Totalität der nationalsozialistischen Auslese und Normalerziehung erreichte mit den Internierungs- und Konzentrationslagern der Jugendverwahrung ihren menschenverachtenden Höhepunkt. Nach der Kapitulation des Nationalsozialismus im Mai 1945 wurde formal-juristisch 1953 die Rechtslage des RJWG wiederhergestellt (vgl. Struck & Schröer, 2011, S. 805f.). Jedoch wirkte die disziplinierende und sozialrassistisch so genannte ‚Verhaltensauffällige' diskriminierende Programmatik der NS-Zeit noch bis in die 1970er Jahre nach (vgl. Kuhlmann, 2014, S. 27).

- Spätestens seit Mitte der 1980er-Jahre lassen sich vermehrt Stimmen im westdeutschen[5] Fachdiskurs Sozialer Arbeit ausmachen, welche eine Kritik an den nach wie vor mehrheitlich bevormundenden und expertokratisch ausgerichteten Hilfemaßnahmen formulieren. Vorangebracht über die theoretischen Konzepte „Lebensweltorientierung" (vgl. Grunwald & Thiersch, 2016; Thiersch, 2006) und „Theorie sozialer Dienstleistungen" (vgl. Oechler, 2015; Olk & Otto, 2003; Olk & Otto, 1987) findet in der Sozialen Arbeit insgesamt ein Prozess des Umdenkens statt: Anstatt Hilfsmaßnahmen expertokratisch zu verorten, sollen jene nun im Verständnis sozialer Dienstleistungen partizipativ mit den Nutzer*innen gemeinsam erbracht werden bzw. sich an den lebensweltlichen Zusammenhängen der Adressat*innen orientieren.
- Dies mündet in eine Gesetzesreform ein: Zum 1. Januar 1991 tritt mit dem Achten Sozialgesetzbuch (SGB VIII), auch bekannt als Kinder- und Jugendhilfegesetz (im weiteren Verlauf: KJHG), ein Paradigmenwechsel in Kraft. Das Konzept der staatlichen Fürsorge, wie sie bis dato in den Grundstrukturen des seit 1961 gültigen Jugendwohlfahrtsgesetz (JWG) zu finden ist, wird abgelöst zugunsten einer dienstleistungsbezogenen Adressat*innenorientierung. So ist u. a. rechtlich kodifiziert, dass Kinder und Jugendliche an allen sie betreffenden Entscheidungen der öffentlichen Jugendhilfe

5 Wir blenden an dieser Stelle die Transformation der ‚neuen Bundesländer' in einen Wohlfahrtsstaat und die damit verbundenen fachlichen Kontroversen aus, um den vorliegenden Text nicht zu komplex werden zu lassen. Dies geschieht in Anerkennung dessen, dass sich die Soziale Arbeit im Allgemeinen und die Jugendhilfe im Besonderen in den neuen Bundesländern vor und nach der Wiedervereinigung teilweise deutlich von der in der damaligen Bundesrepublik unterschieden hat, und im Wissen darum, dass in diesem Zusammenhang auch Chancen eines gegenseitigen Voneinanderlernens versäumt wurden und Potenziale ungenutzt blieben (zur Sozialen Arbeit in den neuen Bundesländern: Bütow & Chassé, 2008; zur Sozialen Arbeit zur Zeit der DDR im Allgemeinen: Seidenstücker, 2015, sowie für das Tätigkeitsfeld der Kindertageseinrichtung: Konrad, 2012, S. 205 ff.).

zu beteiligen sind (§ 8 Abs. 1 SGB VIII). Das KJHG zielt folglich stärker auf Dialog und Beteiligung ab, möchte zwischen Mädchen und Jungen Benachteiligungen abbauen und Gleichberechtigung fördern (§ 9 SGB VIII) und schließlich Hilfeprozesse individueller gestalten. Die Rechtsgrundlagen in den zuvor als Jugendfürsorge und Jugendpflege bezeichneten Bereichen Jugendarbeit, Jugendsozialarbeit sowie erzieherischer Kinder- und Jugendschutz lassen analog zu der beschriebenen Kehrtwende eine deutliche Bildungs- und Subjektorientierung erkennen. Auch die Motivverschiebung hin zum Bildungsprimat ist also strukturiert durch entsprechende gesetzliche Rahmungen und korrespondiert mit der emanzipatorischen und hierarchiekritischen Stimmung des gesellschaftlichen Zeitgeistes, so wie er sich auch im Fachdiskurs der Sozialen Arbeit widerspiegelt.

- Zwischen 2015 und 2021 wurde das SGB VIII erneut durch das „Kinder- und Jugendstärkungsgesetz" (KJSG) reformiert. Zwischen November 2018 und Dezember 2019 fand unter dem Slogan „Mitreden – Mitgestalten: Die Zukunft der Kinder- und Jugendhilfe" ein Beteiligungs- und Dialogprozess zur Modernisierung der Kinder- und Jugendhilfe statt (vgl. BMFSFJ, 2020b). Hierbei wurden folgende Schwerpunktthemen identifiziert:
  - Besserer Kinderschutz und mehr Prävention,
  - Unterbringung außerhalb der eigenen Familie: Kindesinteressen wahren – Eltern unterstützen – Familien stärken,
  - Prävention im Sozialraum stärken und
  - mehr Inklusion, wirksames Hilfesystem und weniger Schnittstellen.

  An diesem Dialogprozess waren Praxis und Wissenschaft der Kinder- und Jugendhilfe, der Behindertenhilfe und der Gesundheitshilfe, Selbstvertretungsorganisationen der Adressat*innen sowie Bund, Länder und Kommunen beteiligt (vertiefend zum Dialogprozess siehe Klomann & Kutscher, 2021). Diese Neuausrichtung durch das KJSG zeigt sich in der Adressierung der Kinder und Jugendlichen selbst: So differenziert bspw. der § 9 SGB VIII nicht mehr wie zuvor zwischen Mädchen und Jungen, sondern fordert die „Gleichberechtigung von jungen Menschen". Mit dieser Neu-

> formulierung wird angestrebt, „die unterschiedlichen Lebenslagen von Mädchen, Jungen sowie transidenten, nicht-binären und intergeschlechtlichen jungen Menschen zu berücksichtigen, Benachteiligungen abzubauen und die Gleichberechtigung der Geschlechter zu fördern" (§ 9 Abs. 3 SGB VIII). Weiterhin geht es darum, „die gleichberechtigte Teilhabe von jungen Menschen mit und ohne Behinderungen umzusetzen und vorhandene Barrieren abzubauen" (§ 9 Abs. 4 SGB VIII). Insgesamt sind „Beteiligung und Beratung von Kindern und Jugendlichen [..] in einer für sie verständlichen, nachvollziehbaren und wahrnehmbaren Form" (§ 8 Abs. 4 SGB VIII) sicherzustellen, um das im KJSG neu definierte Recht auf Selbstbestimmung junger Menschen zu stärken (§ 1 Abs. 1 SGB VIII).

Diese historischen Schlaglichter zeigen, dass Brüche und Verschiebungen sozialpädagogischer Akzentsetzungen an die jeweiligen gesellschaftlichen Verhältnisse und Orientierungen gebunden sind. In den Akzentsetzungen der Kinder- und Jugendhilfe wie auch in den jeweilig geltenden Rechtsnormen wird jeweils ein historisch-spezifischer, gesellschaftlicher Zeitgeist sichtbar.

3.2 Rechtliche Grundlagen

Die Aufgabenfelder der heutigen Kinder- und Jugendhilfe sind im Achten Sozialgesetzbuch (SGB VIII), dem Kinder- und Jugendhilfegesetz, definiert, zuletzt reformiert im Jahr 2021. Es umfasst insgesamt 107 Paragrafen in elf Kapiteln. Diese lassen sich thematisch wie folgt aufgliedern (Abb. 3.1):

Abb. 3.1: Thematische Aufteilung der einzelnen Kapitel des SGB VIII

3.2.1 Leitmotiv und Ziele der Kinder- und Jugendhilfe

In diesem Gesetz spiegelt sich die oben skizzierte Entwicklung der Jugendpflege und Jugendfürsorge hin zu einer *adressat*innen-orientierten Arbeit* wider. Besonders deutlich wird dies in den Allgemeinen Vorschriften (§§ 1–10b SGB VIII) und hier insbesondere § 1 Abs. 1 und 3 SGB VIII:

Zunächst ist das *Leitmotiv* der Kinder- und Jugendhilfe in § 1 Abs. 1 SGB VIII zu finden: „Jeder junge Mensch hat ein Recht auf Förderung seiner Entwicklung und auf Erziehung zu einer selbstbestimmten, eigenverantwortlichen und gemeinschaftsfähigen Persönlichkeit."

Die *Ziele* der Kinder- und Jugendhilfe sind wiederum im § 1 Abs. 3 SGB VIII benannt:

„1. junge Menschen in ihrer individuellen und sozialen Entwicklung fördern und dazu beitragen, Benachteiligungen zu vermeiden oder abzubauen,

2. jungen Menschen ermöglichen oder erleichtern, entsprechend ihrem Alter und ihrer individuellen Fähigkeiten in allen sie betreffen-

den Lebensbereichen selbstbestimmt zu interagieren und damit gleichberechtigt am Leben in der Gesellschaft teilhaben zu können,

3. Eltern und andere Erziehungsberechtigte bei der Erziehung beraten und unterstützen,

4. Kinder und Jugendliche vor Gefahren für ihr Wohl schützen,

5. dazu beitragen, positive Lebensbedingungen für junge Menschen und ihre Familien sowie eine kinder- und familienfreundliche Umwelt zu erhalten oder zu schaffen."

Auffällig ist an dieser Zielformulierung die Abstufung der Personenkreise und thematischen Schwerpunkte: Die Förderung junger Menschen in ihrer individuellen und sozialen Entwicklung, die Vermeidung bzw. der Abbau von Benachteiligungen und die Ermöglichung und Sicherung von Teilhabefähigkeiten stehen an erster und zweiter Stelle, an dritter die Beratung und Unterstützung der Eltern und anderer Erziehungsberechtigter, an vierter Stelle erst der Schutz der Kinder und Jugendlichen vor Gefahren für ihr Wohl und schließlich an fünfter Stelle die Förderung positiver Lebensbedingungen für junge Menschen und ihre Familien sowie die Schaffung bzw. die Erhaltung einer kinder- und familienfreundlichen Umwelt.

Ergänzend zu Leitmotiven und Zielen ist im § 1 Abs. 2 SGB VIII als dritter Aspekt das Verhältnis von privater und öffentlicher Sorge definiert. Wortgleich mit Art. 6 Abs. 2 GG werden Pflege und Erziehung als natürliches Recht und Verpflichtung der Eltern bestimmt, über deren Betätigung die staatliche Gemeinschaft wacht (siehe vertiefend hierzu Unterkapitel 2.6). Damit bezieht sich Kinder- und Jugendhilfe „sowohl auf die öffentliche Infrastruktur zur Pflege, Erziehung und Bildung als auch auf Interventionsaufgaben und das sogenannte ‚Wächteramt des Staates'" (Schröer & Struck, 2018, S. 116), der Wache über das Wohl des Kindes (Art. 6 Abs. 2 Satz 2 GG).

Die unterschiedlichen, hiermit angesprochenen *Leistungen des KJHG* werden teilweise als individueller Rechtsanspruch „jungen Menschen, Müttern, Vätern und Personensorgeberechtigten von Kindern und Jugendlichen gewährt" (§ 6 SGB VIII). Dies betrifft bspw. die erzieherischen Hilfen oder das Betreuungsangebot von Tageseinrichtungen sowie der Kindertagespflege. Andere Leistungen hingegen wie die Einrichtungen der Offenen Kinder- und Jugendarbeit – etwa ein Jugendtreff oder ein Freizeitheim – werden „als soziale Infrastrukturleistungen institutionalisiert“ (Böllert, 2018, S. 6; siehe vertiefend hierzu Abschnitt 3.3.4).

Mit der vorliegend mehrfach verwendeten rechtlichen Bezeichnung ‚junge Menschen‘ sind Kinder, Jugendliche und junge Erwachsene zu fassen, die wie folgt in *Altersgruppen* sowie ferner in unterschiedliche Berechtigungsgruppen unterschieden werden (§ 7 SGB VIII):

„(1) Im Sinne dieses Buches ist

1 Kind, wer noch nicht 14 Jahre alt, soweit nicht die Absätze 2 bis 4 etwas Anderes bestimmen,

4 Jugendlicher, wer 14, aber noch nicht 18 Jahre alt ist,

5 junger Volljähriger, wer 18, aber noch nicht 27 Jahre alt ist,

6 junger Mensch, wer noch nicht 27 Jahre alt ist,

7 Personensorgeberechtigter, wem allein oder gemeinsam mit einer anderen Person nach den Vorschriften des Bürgerlichen Gesetzbuchs die Personensorge zusteht,

8 Erziehungsberechtigter, der Personensorgeberechtigte und jede sonstige Person über 18 Jahre, soweit sie aufgrund einer Vereinbarung mit dem Personensorgeberechtigten nicht nur vorübergehend und nicht nur für einzelne Verrichtungen Aufgaben der Personensorge wahrnimmt.“

Viele Leistungen der Kinder- und Jugendhilfe werden bis zur Volljährigkeit mit 18, wenige andere bis zum vollendeten 27. Lebensjahr gewährt. Leistungsberechtigte sind demnach junge Menschen und deren Personensorgeberechtigte.

Insgesamt dient das KJHG dazu, einen rechtsverbindlichen Gestaltungsrahmen für die Akteure der Kinder- und Jugendhilfe auf kommunaler Ebene auszuformulieren.

3.2.2 Leistungsbereiche der Kinder- und Jugendhilfe

Ab dem zweiten Kapitel des KJHG sind die unter § 2 SGB VIII aufgelisteten Leistungsbereiche im Einzelnen definiert (Abb. 3.2). Aus diesen Leistungsbereichen kristallisieren sich auch die fünf Arbeitsfelder der Kinder- und Jugendhilfe heraus, die im Kapitel 5 detaillierter dargestellt werden. Im Einzelnen sind dies:

1. Jugendarbeit (§ 11 SGB VIII) und Jugendverbände (§ 12 SGB VIII);

2. Jugendsozialarbeit (§ 13 SGB VIII) und Schulsozialarbeit (§ 13a SGB VIII);
3. Förderung der Erziehung in der Familie (§§ 16-21 SGB VIII), wobei hier auch Mütter, Väter und andere Erziehungsberechtigte als Adressat*innen explizit benannt werden, und erzieherischer Kinder- und Jugendschutz (§ 14 SGB VIII);
4. Förderung von Kindern in Tageseinrichtungen und in Kindertagespflege (§§ 22-26 SGB VIII), d. h. frühkindliche Bildung, Betreuung und Erziehung;
5. Hilfe zur Erziehung, Eingliederungshilfe für seelisch behinderte Kinder und Jugendliche, Hilfe für junge Volljährige (§§ 27-41 SGB VIII).

Daneben formuliert das KJGH sogenannte ‚andere Aufgaben' der Kinder- und Jugendhilfe (§§ 42–60 SGB VIII), wozu bspw. Kriseninterventionen und Inobhutnahmen (§ 42 SGB VIII) (vgl. Gerber, 2019), Hilfeplanverfahren (§ 36 SGB VIII) (Matzner & Munsch, 2014; siehe hierzu auch Abschnitt 3.3.4) oder die Mitwirkung bei Verfahren vor den Vormundschafts-, Familien- und Jugendgerichten (§§ 50–58 SGB VIII) (vgl. Meysen & Nonninger, 2019; von Boetticher, 2012, S. 485 f.) gehören. Diese ‚anderen Aufgaben' sind in der Regel als hoheitliche Aufgaben den Sozialen Diensten der örtlichen Jugendämter vorbehalten (vgl. Boetticher, 2012). Darüberhinausgehend regelt § 76 SGB VIII, welche dieser ‚anderen Aufgaben' auch von sogenannten ‚anerkannten freien Jugendhilfeträgern' übernommen werden können (siehe vertiefend hierzu Abschnitt 3.3.1).

Folglich zählen zu den Arbeits- und Tätigkeitsfeldern, die in den Leistungsbereich der Kinder- und Jugendhilfe fallen, bspw. Leistungen in Kindertageseinrichtungen, Leistungen in Einrichtungen der Offenen Kinder- und Jugendarbeit, Leistungen der stationären Kinder- und Jugendhilfe sowie Leistungen der Familienbildung und der Schulsozialarbeit. Zentral für diese Felder sind zwei eng gekoppelte Aspekte, sowohl die Frage nach den Trägerschaften als auch die nach der inhaltlichen Ausgestaltung: Die Kinder- und Jugendhilfe basiert auf der Prämisse von Dezentralität, die „die Vielfalt von Trägern unterschiedlicher Wertorientierungen und die Vielfalt von Inhalten, Methoden und Arbeitsformen" innerhalb dieser sozialen Dienst-

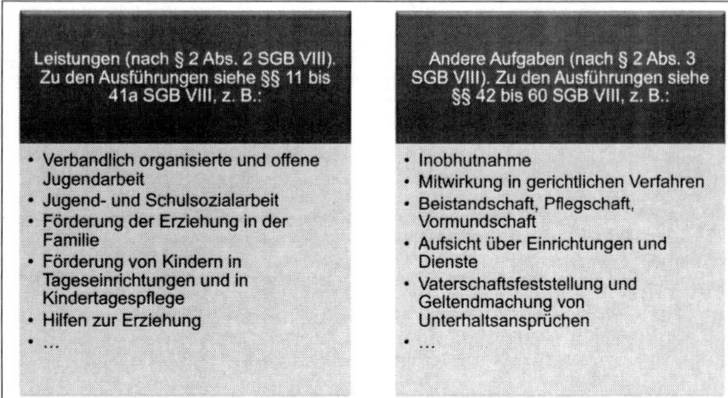

Abb. 3.2: Leistungen und andere Aufgaben des SGB VIII

leistungen ermöglicht (§ 3 SGB VIII). Eingelassen ist darin das sogenannte Subsidiaritätsprinzip, welches die Nachrangigkeit der öffentlichen Jugendhilfeträger gegenüber den freien Trägern der Kinder- und Jugendhilfe absichert, um hierdurch die Wertevielfalt einer demokratischen Gesellschaft auch institutionell zu gewährleisten (siehe vertiefend hierzu Abschnitt 3.3.1). Nachfolgend werden wir auf wesentliche organisationale Rahmenbedingungen der Kinder- und Jugendhilfe, u. a. auf die Träger und ihre Zusammenarbeit, näher eingehen.

3.3 Organisationale Rahmungen

Kinder- und Jugendhilfe wird durch ein komplexes Geflecht organisationaler Rahmungen strukturiert. Angesprochen sind hiermit Verfahrensweisen, die auf der Grundlage der Rechtsvorschriften des KJHG die Zusammenarbeit der verschiedenen, an Kinder- und Jugendhilfe beteiligten Akteure regeln und somit die konkrete Leistungserbringung sicherstellen. Es würde den Umfang dieses Einführungsbands sprengen, die organisationale Architektur der Kinder- und Jugendhilfe umfassend zu beschreiben, folglich werden wir lediglich zentrale Rahmungen darstellen. Diese zeichnen sich dadurch aus, dass sie – gewissermaßen querliegend – die einzelnen Arbeitsfelder insofern organisational rahmen, als sie das Verhältnis der Akteure strukturieren, die an den jeweilig zu erbringenden Leistungen beteiligt sind. Wir unterscheiden somit vier zentrale, organisational rahmende Verhältnissetzungen (siehe die folgende Abb. 3.3.):

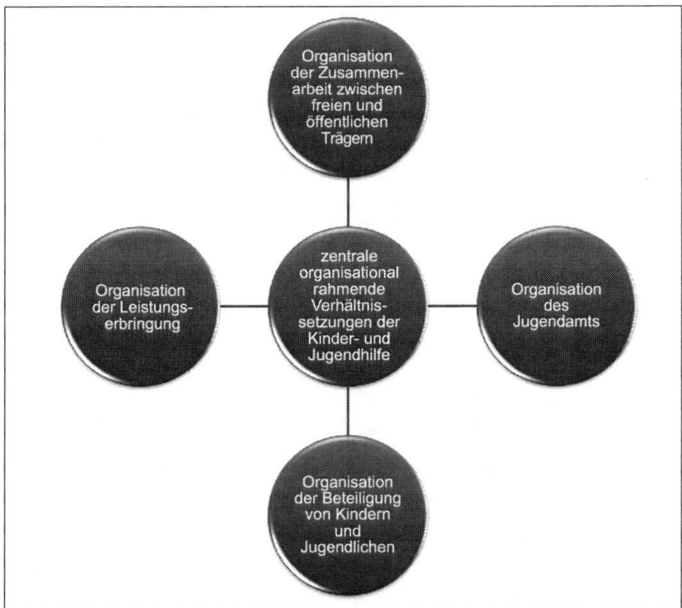

Abb. 3.3: Ausgewählte organisationale Rahmungen der Kinder- und Jugendhilfe

3.3.1 Organisation der Zusammenarbeit freier und öffentlicher Jugendhilfeträger

Die Unterscheidung zwischen freien und öffentlichen Trägern ist nicht nur bei der Kinder- und Jugendhilfe zu finden, sondern regelt in Gestalt des Subsidiaritätsprinzips grundlegend das Verhältnis zwischen den Anbietern sozialer Dienstleistungen in unterschiedlicher Trägerschaft.

Definition 3.1: Öffentliche und freie Träger
Als *öffentliche Träger* werden öffentlich-rechtliche Rechtsträger und Behörden bezeichnet, die die Aufgaben nach dem SGB VIII wahrnehmen. In der Praxis sind dies die örtlichen und über-

örtlichen Träger nach § 69 SGB VIII, die ein Jugendamt bzw. Landesjugendamt zu errichten haben. Unter örtlichen Trägern werden Kreise und kreisfreie Städte gefasst, auf Antrag auch kreisangehörige Gemeinden. Überörtlicher Träger sind beispielsweise die Landschaftsverbände.

Als *freie Träger* gelten die nicht öffentlichen Träger und Organisationen, die Aufgaben im Sinne der §§ 1 und 2 SGB VIII übernehmen. Zu den freien Trägern gehören u. a. die sechs Wohlfahrtsverbände Zentralwohlfahrtsstelle der Juden in Deutschland, Diakonie, Caritasverband, Arbeiterwohlfahrt, Deutsches Rotes Kreuz und Paritätischer Wohlfahrtsverband. Die freien Träger sind meist gemeinnützig, verbandlich, kirchlich oder gewerkschaftlich organisiert, wobei das Subsidiaritätsprinzip, welches die freien Träger in ihrem Status als Leistungserbringer absichert, in den 1990er-Jahren auf privatwirtschaftliche Anbieter ausgeweitet worden ist. Insofern jene primär auf Gewinnmaximierung ausgerichtet sind, können privatwirtschaftliche Anbieter keine Gemeinnützigkeit geltend machen, was sie wiederum davon ausschließt, als freie Jugendhilfeträger *anerkannt* zu werden. Infolge des Fehlens dieser Anerkennung, die in § 75 SGB VIII geregelt ist, können sie zwar dennoch als freie Jugendhilfeträger Leistungen nach dem SGB VIII erbringen, werden jedoch gegenüber *anerkannten freien Jugendhilfeträgern* nachrangig behandelt. Insbesondere können sie

a) sich nicht an der Zusammensetzung des (Landes-)Jugendhilfeausschusses beteiligen (§ 71 SGB VIII; siehe vertiefend hierzu Abschnitt 3.3.2),
b) nicht dauerhaft von der öffentlichen Jugendhilfe gefördert werden (§ 74 SGB VIII) und
c) nicht an der Wahrnehmung der sogenannten anderen Aufgaben beteiligt werden (76 SGB VIII; siehe vertiefend hierzu Abschnitt 3.3.2).

Allerdings ermöglichen Rechtsverhältnisse wie die gemeinnützige GmbH (gGmbH), dass auch privatwirtschaftliche Anbieter als gemeinnützig eingestuft und als freie Jugendhilfeträger anerkannt werden können.

§ 3 Abs. 2 SGB VIII sieht vor, dass die Leistungen durch Träger der freien Jugendhilfe und Träger der öffentlichen Jugendhilfe erbracht werden, wobei die freien Träger nach dem Subsidiaritätsprinzip den weit überwiegenden Teil der Leistungen erbringen sollen (§ 4 Abs. 2 SGB VIII). Die Zusammenarbeit zwischen den Trägern ist dabei an den folgenden drei Grundlagen ausgerichtet:

1. Die Verpflichtung zur Partnerschaftlichkeit in der Zusammenarbeit (§ 4 Abs. 1 SGB VIII),
2. das Verbot für öffentliche Träger, in Konkurrenz zu freien Trägern zu treten (§ 4 Abs. 2 SGB VIII),
3. die Verpflichtung der öffentlichen Träger, freie Träger zu fördern und dabei die Beteiligung von Kindern, Jugendlichen und Eltern zu stärken (§ 4 Abs. 3 SGB VIII).

Beispiel 3.1: Die Praxis des Subsidiaritätsprinzips

Die praktische Umsetzung des *Subsidiaritätsprinzips* wird auf kommunaler Ebene realisiert und bedeutet, dass bspw. der kommunale öffentliche Träger in Gestalt des Jugendamtes einer Stadt einem freien Träger den Vortritt überlassen muss, wenn es um die Erbringung von Angeboten für junge Menschen und Familien geht. Freie Träger wie bspw. Verbände, Kirchen und Religionsgemeinschaften, Elterninitiativen, Sportvereine bieten demnach Angebote der Jugend(sozial)arbeit, der Jugendgerichtshilfe, der Kulturarbeit, der Familienberatung und -bildung sowie der erzieherischen Hilfen an oder betreiben bspw. Kindertageseinrichtungen oder stationäre Wohngruppen.

Das Jugendamt als Leistungsgewährer schließt demnach Verträge mit den freien Trägern als Leistungserbringer, in denen die Leistungsangebote, die Sicherung der Qualität und die Kostenerstattung vereinbart werden (§ 77 und §§ 78a – 78g SGB VIII). Als Leistungen der Kinder- und Jugendhilfe geförderte Maßnahmen werden in Arbeitsgemeinschaften koordiniert (§ 78 SGB VIII) und im Jugendhilfeausschuss evaluiert respektive langfristig geplant (§ 71 SGB VIII) (siehe vertiefend zum Jugendhilfeausschuss auch Abschnitt 3.3.2). Bundesweit betrachtet vollzieht sich die kommunale Leistungserbringung je nach lokaler Trägerlandschaft sehr verschieden.

Mit dem Inkrafttreten des KJSG wurde die rechtlich verbindliche kooperative Zusammenarbeit zwischen freien und öffentlichen Jugendhilfeträgern 2021 zudem auf eine weitere Gruppe von Akteuren erweitert. Begrifflich gefasst als *‚selbstorganisierte Zusammenschlüsse zur Selbstvertretung'* werden selbstorganisierte Initiativen und Interessenverbände junger Menschen bzw. derer Personensorgeberechtigten nun explizit im Kinder- und Jugendhilferecht benannt (§ 4a SGB VIII) und „als fester Bestandteil der freien Jugendhilfe" (Walhalla Fachredaktion, 2021, S. 32) mitaufgeführt. Beispielgebend für solche Zusammenschlüsse zur Selbstvertretung sind die in einigen stationären Jugendhilfeeinrichtungen gegründeten Heimräte oder das Netzwerk Careleaver e. V. für „junge Menschen, die die Fürsorge durch stationäre Jugendhilfe verlassen" (Careleaver e. V., o. J.). Gemäß dem Leitgedanken ‚Nichts über uns ohne uns' wird dem Partizipationsgebot der Kinder- und Jugendhilfe (§ 8 SGB VIII) mit dem Einbezug selbstorganisierter Zusammenschlüsse zur Selbstvertretung in besonderer Weise zu entsprechen versucht (vgl. Walhalla Fachredaktion, 2021, S. 32). Zusätzlich zu den drei beschriebenen Grundlagen der Zusammenarbeit zwischen den Jugendhilfeträgern ist die öffentlichen Jugendhilfe aufgefordert, selbstorganisierte Zusammenschlüsse zur Selbstvertretung anzuregen und zu fördern sowie mit ihnen zusammenzuarbeiten, sofern sie darauf ausgerichtet sind, die Adressat*innen der Kinder- und Jugendhilfe zu unterstützen, zu begleiten und zu fördern. Außerdem soll sie auf eine partnerschaftliche Zusammenarbeit innerhalb der freien Jugendhilfe hinwirken (§ 4a Abs. 2 u. 3 SGB VIII).

3.3.2 Organisation des Jugendamts

Sämtliche Leistungen und Angebote der örtlichen Kinder- und Jugendhilfe laufen in der kommunalen Behörde Jugendamt zusammen.

Definition 3.2: Jugendamt

„Jugendämter sind in Deutschland die zentralen Institutionen der Kinder- und Jugendhilfe. Sie wirken als sozialpädagogische

> Dienstleister für junge Menschen und Familien, sind institutionalisierter Ausdruck des staatlichen Wächteramtes und die bürgergesellschaftliche Plattform der öffentlichen Gestaltung des Aufwachsens junger Menschen" (Marquard & Trede, 2018, S. 115).

Im Wesentlichen ist das Jugendamt mit der kommunalen Organisation und Planung von vier großen Leistungssegmenten beauftragt, für die es die „Gesamt-Gewährungsleistungs- und Planungsverantwortung" (ebd., S. 118) trägt und in dieser Funktion kontrolliert, dass Angebote von freien Jugendhilfeträgern lokal und bedarfsgerecht bereitgestellt und ordnungsgemäß ausgeführt werden (z. B. vom Caritasverband, von der AWO oder der Diakonie). Hinzu kommen diverse, als ‚andere Aufgaben' bezeichnete Beauftragungen, die dem Jugendamt in seiner hoheitlichen Funktion, d. h. als staatliche Behörde, übertragen werden. Einen Überblick über die vier großen Leistungssegmente und Beauftragungen gibt das nachfolgende Schaubild (Abb. 3.4).

Abseits der hier dargestellten inhaltlichen Verantwortlichkeiten und Beauftragungen ist für das Jugendamt, seine „Ausgestaltung als zweigliedrige Kommunalbehörde, bestehend aus der hauptamtlichen Fachverwaltung und dem Jugendhilfeausschuss als ‚eigenem' Parlament" (Marquard & Trede, 2018, S. 115) kennzeichnend. Die Unterscheidung der Aufteilung zwischen Verwaltung des Jugendamts und dem Jugendhilfeausschuss ist in § 70 SGB VIII geregelt.

Eine Besonderheit des Jugendamtes besteht demnach darin, dass es in Gestalt des Jugendhilfeausschusses nach § 71 SGB VIII über ein politisches und beschlussfähiges Gremium verfügt, in welchem die Entwicklung der lokalen Jugendhilfe, ihre (behördlichen) Strukturen, ihre Angebotsausgestaltung sowie ihre wirtschaftliche Budgetierung autark ausgehandelt werden (vgl. ebd., S. 121). Für das Verwaltungshandeln des Jugendamtes sind die Entscheidungen des Jugendhilfeausschusses bindend. Dem Jugendhilfeausschuss gehören zu drei Fünfteln Mitglieder der kommunal gewählten Bürger*innen (oder ihrer bestellten Vertreter*innen) sowie zu zwei Fünfteln Vertreter*innen der lokalen, nicht öffentlichen, anerkannten freien Jugendhilfeträger an. Den Gegebenheiten und Bedarfen des örtlichen

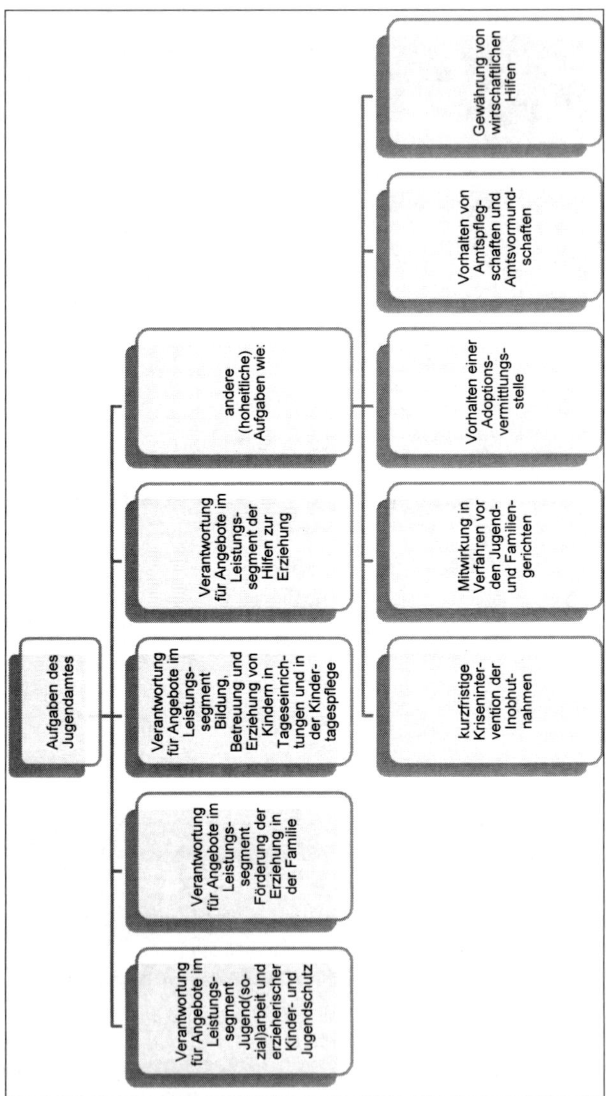

Abb. 3.4: Aufgaben des Jugendamtes (Quelle: in Anlehnung an Marquard & Trede, 2018, S. 118 f.)

Gemeinwesens soll auf diese Weise in besonderer Weise Rechnung getragen werden. So ist es alles andere als überraschend, dass sich die über 560 Jugendämter der Bundesrepublik bereits in ihrer grundlegenden Organisationsstruktur in Teilen stark voneinander unterscheiden.

3.3.3 Organisation der Beteiligung von Kindern und Jugendlichen

Wie bereits im Rahmen des Diskurses zu den Eltern- und Kinderrechten erläutert wurde, ist die Beteiligung von Kindern und Jugendlichen grundlegend im KJHG verankert. Zentral hierfür ist die als Partizipationsgebot bezeichneten Rechtsvorschrift des § 8 SGB VIII. Denn diese expliziert nicht nur, dass Kinder und Jugendliche berechtigt sind, „sich in allen Angelegenheiten der Erziehung und Entwicklung an das Jugendamt zu wenden“ (§ 8 Abs. 2 SGB VIII) und darüber hinaus einen Anspruch auf Beratung haben, ohne dass ihre Personensorgeberechtigten hierüber in Kenntnis gesetzt werden müssen (§ 8 Abs. 3 SGB VIII). Vielmehr ist darin ebenfalls beschrieben, dass Kinder und Jugendliche grundsätzlich an allen sie betreffenden Entscheidungen zu beteiligen sind (§ 8 Abs. 1 SGB VIII). Maßgeblich hierbei ist zudem, dass die Art der Beteiligung sich an ihrem Entwicklungsstand auszurichten hat und sie in geeigneter Weise auf ihre Rechte hinzuweisen sind (§ 8 Abs. 1 u. 4 SGB VIII) (zum vollständigen Wortlaut des § 8 SGB VIII siehe den entsprechenden Exkurs im Unterkapitel 2.6).

Mit dem Partizipationsgebot geht somit einher, dass die Beteiligung von Kindern und Jugendlichen bei der Erbringung und Ausgestaltung sämtlicher Leistungen der Kinder- und Jugendhilfe zu gewährleisten ist. Dies bezieht sich sowohl auf Leistungen, die prinzipiell allen jungen Menschen als Teil der kommunalen Daseinsvorsorge zur Verfügung stehen – beispielsweise die offenen Angebote der Jugendarbeit nach § 11 SGB VIII –, als auch auf Leistungen, deren Erbringung an eine individuelle Prüfung und ggf. Hilfeplanung nach § 36 SGB VIII gekoppelt ist (siehe vertiefend hierzu den folgenden Abschnitt 3.3.4). Ausdruck organisierter Beteiligung ist zudem auch das „Wunsch- und Wahlrecht“ nach § 5 SGB VIII. Darin ist das Recht der Leistungsberechtigten – sprich junger Menschen und ihrer Personensorgeberechtigten – geregelt, zwischen Diensten und Einrichtungen verschiedener Träger wählen zu können und Wünsche hinsichtlich der Gestaltung der Hilfe zu äußern. Dieser Wahl bzw. diesem Wunsch soll entsprochen werden, soweit damit nicht unverhältnismäßige Mehrkosten verbunden sind (§ 5 Abs. 2 SGB VIII). Adressat dieser Vorschrift sind die Träger der öffentlichen Jugendhilfe.

Bildlich gesprochen stellt das Partizipationsgebot des § 8 SGB VIII den roten Faden dar, der das gesamte Gewebe der Kinder- und Jugendhilfe zusammenhält. Durch die Gesetzesreform des Kinder- und Jugendstärkungsgesetzes im Jahr 2021 wurde es strukturell noch einmal weiter gestärkt. So wurde den beiden bestehenden Prinzipien ‚Eigenverantwortlichkeit' und ‚Gemeinschaftsfähigkeit' im *Leitmotiv* der Kinder- und Jugendhilfe (§ 1 Abs. 1 SGB VIII) die ‚Selbstbestimmung' von Kindern und Jugendlichen als neues, drittes Prinzip vorangestellt. Die neue Ausrichtung auf dieses Prinzip, welche die einzelnen Gesetzesvorschriften des SGB VIII seit der Reform strukturiert, zielt auf die grundsätzliche Ermöglichung von Partizipation ab. Deutlich wird dies auch im neu eingeführten § 10a SGB VIII: Dieser fokussiert u. a. auf den Beratungsanspruch von Adressat*innen hinsichtlich der (Möglichkeiten der) Leistungserbringung und ebenso auf eine transparente Darstellung der damit verbundenen Verwaltungsabläufe, wie auf Transparenz hinsichtlich der Alternativen, Auswirkungen, Folgen und Bedingungen, die hiermit verknüpft sind. Erst über eine solche partizipative Ausgestaltung der Angebote und Hilfeformen kann Selbstbestimmung verwirklicht und damit die intendierte Stärkung der Kinder und Jugendlichen möglich werden (vgl. Walhalla Fachredaktion, 2021, S. 53 ff.; siehe zur Ausgestaltung von Beteiligung als Arbeitsform auch das Unterkapitel 6.1).

3.3.4 Organisation der Leistungserbringung

Organisational sind bei der Erbringung von Leistungen der Kinder- und Jugendhilfe zwei grundlegende Formen zu unterscheiden (vgl. Rätz, 2018, S. 80; Münder et al., 2020, S. 325 f.):

- In der Kinder- und Jugendhilfe werden Leistungen erbracht, die auf *‚objektiven Leistungsverpflichtungen'* beruhen: Angesprochen sind hiermit niedrigschwellige und zumeist kostenfreie Leistungen, die als Teil *kommunaler Daseinsvorsorge* allen jungen Menschen und ihren Personensorgeberechtigen offenstehen, ohne dass seitens der Adressat*innen hierfür individuelle Rechtansprüche geltend gemacht werden müssen. Hierzu zählen u. a. Angebote im Kontext von Beratung, street work, Familienbildung, Jugendzentren, Jugendverbänden oder Schulsozialarbeit – ergo Angebote im Arbeitsfeld der ‚*Jugendarbeit*' sowie einige Angebote in den Arbeitsfeldern ‚*Jugendsozialarbeit*' und ‚*Förderung der Erziehung in der Familie und Frühe Hilfen*' (siehe hierzu vertiefend Kapitel 5). Bei dieser organisationalen Form ist die Leistungserbringung demnach zwar einerseits grundsätzlich und unabhängig von konkreten individuellen Bedarfen vorzuhalten, andererseits zeigt sich angesichts knapper Ressourcen, dass eine zuverlässige Bereitstellung der zur Leistungserbringung erforderlichen Infrastruktur längst nicht flächendeckend verwirklicht werden kann.

- Daneben werden in der Kinder- und Jugendhilfe Leistungen erbracht, die auf ‚*subjektiven Rechtsansprüchen*' der Adressat*innen beruhen: Angesprochen sind hiermit Leistungen, bei denen im Vorfeld der Inanspruchnahme eine *individuelle Prüfung* der Anspruchsberechtigung stattfinden muss. Erforderlich ist dies u. a. bei der Inanspruchnahme von Plätzen in Kindertageseinrichtungen bzw. in der Kindertagespflege, in Eltern-Kind-Einrichtungen, in Pflegefamilien oder in weiteren stationären Wohnformen der erzieherischen Hilfen sowie bei der Inanspruchnahme einer sozialpädagogischen Familienhilfe, einer Tagesgruppe oder von Maßnahmen der ausbildungsbezogenen Jugendsozialarbeit – ergo bei Angeboten in den Arbeitsfeldern ‚*Frühkindliche Betreuung, Bildung und Erziehung*' und ‚*Hilfen zur Erziehung*' (mit Ausnahme der Erziehungsberatung nach § 28 SGB VIII) sowie bei einigen Angeboten in den Arbeitsfeldern ‚*Jugendsozialarbeit*' und ‚*Förderung der Erziehung in der Familie und Frühe Hilfen*' (siehe hierzu vertiefend Kapitel 5). Bei dieser organisationalen Form ist die Leistungserbringung demnach grundsätzlich das Resultat von Einzelfallentscheidungen. Auch weil Leistungen, die auf subjektiven Rechtsansprüchen beruhen, ggf. einklagbar sind, werden sie in der Praxis oftmals stärker gefördert, als Leistungen, die der objektiven Leistungsverpflichtung unterliegen.

Insbesondere bei der Inanspruchnahme von Erziehungshilfen leitet eine positiv beschiedene Prüfung des subjektiven Rechtsanspruchs über in ein sogenanntes *Hilfeplanverfahren* nach § 36 SGB VIII.

Definition 3.3: Hilfeplan(verfahren) nach § 36 SGB VIII

„Das Hilfeplanverfahren ist zum einem ein Verwaltungsverfahren. Unter diesem Fokus wird die Qualität und Zielgenauigkeit der Hilfe sichergestellt, der Hilfeverlauf dokumentiert und es wird ein fachlicher Nachweis über die ausgegebenen finanziellen Mittel erbracht. Zum anderen ist das Hilfeplanverfahren ein sozialpädagogisches Instrument der Beteiligung der Kinder, Jugendlichen und Erziehungs- und Sorgeberechtigten am Hilfeverlauf“ (Rätz, Schröer & Wolff, 2014, S. 82).

Als sozialpädagogisches Instrument der Beteiligung soll das auch unter der Bezeichnung Hilfeplangespräch (HPG) bekannte Verfahren sicherstellen, dass Entscheidungen bezüglich der Ausgestaltung der Hilfe, ihrer Dauer sowie weiterer Modi ihrer Erbringung zwischen den Fachkräften und den Adressat*innen der Hilfen – nach § 6 SGB VIII Kinder, Jugendliche, junge Volljährige sowie deren Eltern bzw. Personensorgeberechtigen – gemeinsam ausgehandelt werden (siehe vertiefend hierzu die Unterkapitel 6.1 und 6.2). Als Verwaltungsverfahren wird es koordiniert vom Allgemeinen Sozialen Dienst des zuständigen Jugendamtes (vgl. Rätz, Schröer & Wolff, 2014, S. 82; Merchel, 2019).

Hinweis: Zur Organisation der Leistungserbringung nach individueller Prüfung

Zum einen erfolgt die Organisation der Leistungserbringung nach individueller Prüfung auf der Grundlage der *unterschiedlichen Rechtsverhältnisse*, die sich zwischen den an der Leistungserbringung beteiligten Akteuren aufspannen. Veranschaulichen lassen sich diese anhand des folgend abgebildeten, sogenannten ‚jugendhilferechtlichen Dreiecksverhältnis‘ (Münder et al., 2020, S. 325; siehe Abb. 3.5). Zu unterscheiden sind hierbei zunächst die folgenden Positionen:

- Kinder, Jugendliche, junge Volljährige sowie deren Eltern bzw. Personensorgeberechtigen, die – als Adressat*innen der Kinder- und Jugendhilfe nach § 6 SGB VIII – einen subjektiven Rechtsanspruch auf Leistungen der Kinder- und Jugendhilfe geltend machen können und somit als *Leistungsberechtigte* gelten.
- Der „Träger der öffentlichen Jugendhilfe als *Leistungsträger*, „der auch dann, wenn die Leistung durch einen Dritten erbracht wird, leistungsverpflichtend bleibt“ (Münder et al., 2020, S. 326).
- Der freie oder öffentliche Träger der Kinder- und Jugendhilfe, „der die Leistung unmittelbar gegenüber der leistungsberechtigten Person erbringt“ (ebd.) und entsprechend als *Leistungserbringer* fungiert.

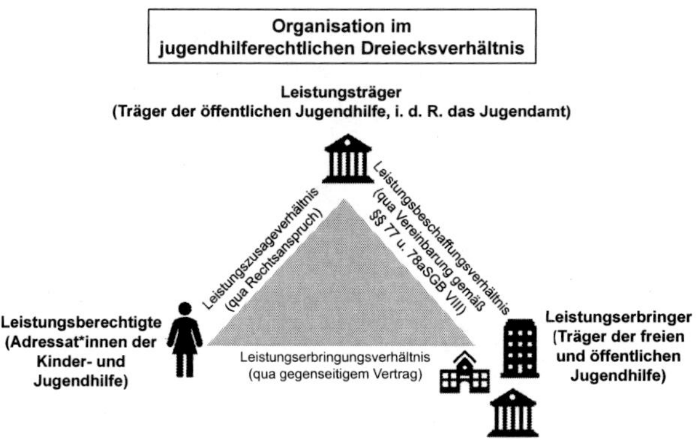

Abb. 3.5: Organisation im jugendhilferechtlichen Dreiecksverhältnis (in Anlehnung an: Münder et al., 2020, S. 329; Hamburger, 2016, S. 83; Farrenberg & Schulz, 2020, S. 174)

Zum anderen lässt sich die Organisation der Leistungserbringung nach individueller Prüfung als „ein komplexes Interaktionsgefüge“ (Albus, 2012, S. 478) interpretieren. Bezogen auf das Arbeitsfeld der Erziehungshilfen (siehe hierzu vertiefend

Unterkapitel 5.5) umfassen die unterschiedlichen Rechtsverhältnisse „mindestens vier Akteursgruppen, denen unterschiedliche Beteiligungsrechte und Entscheidungsbefugnisse zugestanden werden“ (ebd.). Noch einmal anders akzentuiert als im jugendhilferechtlichen Dreiecksverhältnis treten die unterschiedlichen Akteure hierbei, als Leistungsgewährer, Leistungsberechtigte, Leistungserbringer und Leistungsempfänger in Erscheinung. Das nachfolgende Schaubild stellt dieses „Jugendhilfe-Viereck“ (ebd.) anhand einer Vierfeldtafel dar (siehe Abb. 3.6):

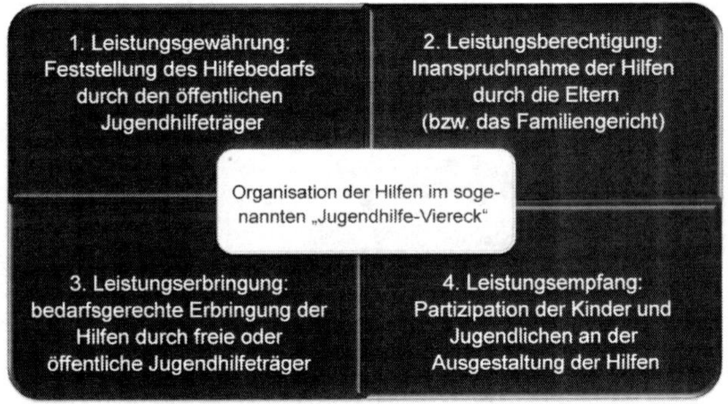

Abb. 3.6: Organisation im Jugendhilfe-Viereck am Beispiel der erzieherischen Hilfen (in Anlehnung an: Albus, 2012, S. 478)

Nimmt man die hier veranschaulichten unterschiedlichen Rechtsverhältnisse und komplexen Interaktionsgefüge zusammen, so wird exemplarisch am Beispiel der Organisation der Leistungserbringung nach individueller Prüfung deutlich, wie die im vorliegenden Unterkapitel dargestellten Rahmungen in Gestalt der Organisation der Zusammenarbeit freier und öffentlicher Jugendhilfeträger, der Organisation des Jugendamtes, der Organisation der Beteiligung von Kindern und Jugendlichen sowie der Organisation der Leistungserbringung zusammenwirken und miteinander verwoben sind.

3.4 Zusammenfassung

Historisch betrachtet unterliegt das Handlungsfeld der Kinder- und Jugendhilfe einem komplexen Wandel. Im Zuge dieses Wandels haben sich maßgeblich das Verständnis der Adressat*innengruppen und damit die Motive der Aufgabengebiete gewandelt. Sukzessiv werden die bewahrpädagogischen Motive im Bereich der Jugendfürsorge durch eine Bildungs- und Subjektorientierung ersetzt. Ein weiterer, aktuell sich rechtlich vollziehender Schritt ist die Stärkung von Kinderrechten durch deren zwar vorerst gescheiterte, aber dennoch angestrebte Verankerung im Grundgesetz sowie die mit der Reformierung des SGB VIII vollzogene Stärkung des Kinderschutzes, der Selbstbestimmung junger Menschen und der Unterstützung von Familien. Diese beschriebenen Motivverschiebungen sind nicht nur für die Kinder und Jugendlichen und die Art und Weise, wie sie von der Kinder- und Jugendhilfe adressiert werden von Bedeutung, sondern sind Teil eines gesellschaftlichen Wandels, Heranwachsende und ihre Rechte stärker wahrzunehmen und sie schließlich „zu einer selbstbestimmten, eigenverantwortlichen und gemeinschaftsfähigen Persönlichkeit“ (§ 1 Abs. 1 SGB VIII) zu erziehen und zu fördern.

Die Ziele und Aufgaben der heutigen Kinder- und Jugendhilfe sind im Achten Sozialgesetzbuch (SGB VIII), dem Kinder- und Jugendhilfegesetz, definiert. Darin spiegelt sich die oben skizzierte Entwicklung der Jugendpflege und Jugendfürsorge hin zu einer adressat*innenorientierten Arbeit ebenfalls wider. Neben dieser Grundorientierung finden sich dort ebenso die Altersunterscheidung zwischen Kind, Jugendlichem und Erwachsenem wie auch weitere zentrale Begrifflichkeiten – etwa der Begriff der Personensorgeberechtigten. Bedeutsam ist zudem die rechtliche Fixierung der verschiedenen Arbeitsfelder der Kinder- und Jugendhilfe als sozialrechtlich kodifizierte Leistungsbereiche. Die Arbeitsfelder sind zudem eingefasst in arbeitsfeldübergreifende organisationale Rahmenbedingungen, welche das Handlungsfeld Kinder- und Jugendhilfe in seiner Gänze strukturiert. Wesentliche Rahmenbedingungen liegen hierbei erstens in der Organisation der Zusammenarbeit freier und öffentlicher Jugendhilfeträger, zweitens in der Organisation des Jugendamtes, drittens in der Organisation der Beteiligung von Kindern und Jugendlichen sowie viertens in der Organisation der Leistungserbringung. Diese Rahmungen in Verbindung mit den gesetzlich festgelegten Leistungsbereichen der Kinder- und Jugendhilfe bilden eine grundlegende Orientierung für die nächsten Kapitel, in denen die Arbeits- und Tätigkeitsfelder der Kinder- und Jugendhilfe und ihre Arbeitsformen dargestellt werden.

4

4 Die Strukturierung der Arbeits- und Tätigkeitsfelder

Wenn Sie dieses Kapitel durchgearbeitet haben, haben Sie einen Überblick über die Strukturierung und Binnendifferenzierung der Kinder- und Jugendhilfe erhalten. Sie sind sowohl in der Lage, die Angebote der Kinder- und Jugendhilfe zu sortieren, als auch die Struktur ihrer Arbeits- und Tätigkeitsfelder zu benennen. Außerdem lernen Sie zwei Modelle kennen, welche die Angebote entlang der Perspektive der Lebensweltorientierung bzw. entlang der gesellschaftlichen Funktion ihrer unterschiedlichen Interventionsgrade systematisieren.

4.1 Sortierung der Angebote in Arbeits- und Tätigkeitsfelder

Das Handlungsfeld der Kinder- und Jugendhilfe bildet den Rahmen für eine Vielzahl unterschiedlicher Angebote:

- Diese zeichnen sich *inhaltlich-funktional* dadurch aus, dass sie sich an Kinder und Jugendliche und ihre Familien richten, indem sie insgesamt eine institutionelle und außerschulische Unterstützung für das Heranwachsen in Deutschland bereitstellen.
- *Rechtlich-formal* sind sie zudem im Kinder- und Jugendhilfegesetz (SGB VIII) festgeschrieben.
- Schließlich werden die Angebote der Kinder- und Jugendhilfe *methodisch-modal* angeleitet durch einige sie grundierende Arbeitsformen (siehe hierzu Kapitel 6).

Die unterschiedlichen Angebote lassen sich in *Arbeits- und Tätigkeitsfelder* gruppieren, welche wiederum nicht nur die Angebote selbst, sondern auch das Handlungsfeld der Kinder- und Jugendhilfe insgesamt strukturieren. Die nachfolgende Grafik (Abb. 4.1) gibt einen Überblick über die Arbeits- und Tätigkeitsfelder in der Kinder- und Jugendhilfe.

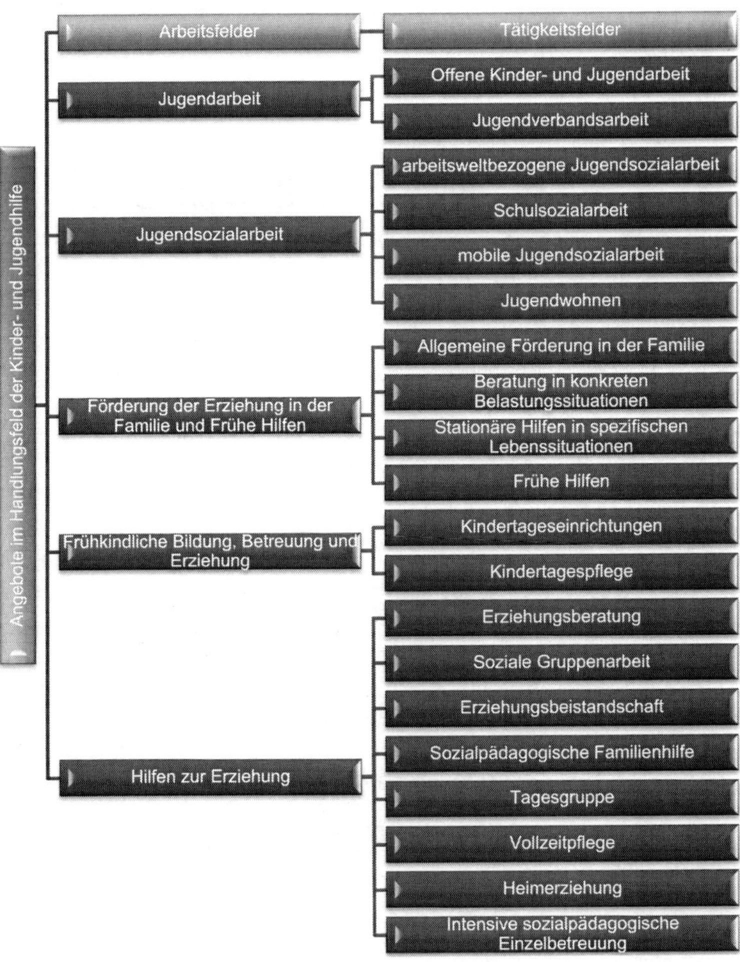

Abb. 4.1: Strukturierung der Angebote im Handlungsfeld der Kinder- und Jugendhilfe in Arbeits- und Tätigkeitsfelder

Die Sortierung der Angebote in *Arbeitsfelder* erlaubt es, den inhaltlich-funktionalen Auftrag der Kinder- und Jugendhilfe in spezifische Aufgaben, Ziele und Zielgruppen zu untergliedern:

- Einige Angebote richten sich eher allgemein an Kinder, Jugendliche oder die Familie insgesamt.
- Einige Angebote adressieren besondere Situationen sowie Gefährdungs- und Lebenslagen (z. B. eine Gefährdung des Kindeswohls, Schulabstinenz, Delinquenz, Erziehungsschwierigkeiten oder Schwierigkeiten beim Übergang vom Schulsystem in das Ausbildungs- oder Berufssystem).
- Bei einigen Angeboten geht es um das Schaffen von Bildungsanlässen und Entwicklungsmöglichkeiten.
- Bei einigen Angeboten geht es um Erziehung sowie um eine konkrete Unterstützung und Förderung in problematischen Situationen und Lebenslagen.
- Bei einigen Angeboten geht es um Beratung, um Teilhabe und Integration oder aber um Betreuung, Versorgung und Unterbringung.

Innerhalb der einzelnen Arbeitsfelder ermöglicht die feinere Untergliederung in verschiedene *Tätigkeitsfelder* zudem eine Binnendifferenzierung (Abb. 4.2). Diese spiegelt u. a. die Intensität und den Grad der Vorstrukturierung der einzelnen Angebote wider. Oftmals schließen sich an offene und niedrigschwellige Angebote solche an, die eine höhere Verbindlichkeit mit sich bringen und bisweilen in Zwangskontexte überführen. In Teilen parallel hierzu können ambulante, teilstationäre und stationäre Angebotsformen unterschieden werden.

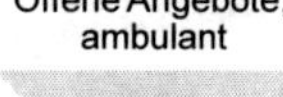

Abb. 4.2: Die Binnendifferenzierung von Tätigkeitsfeldern

Entlang der hieraus resultierenden unterschiedlichen Interventionsgrade lassen sich die Angebote systematisieren und theoretisch rahmen, indem der Grad der Intervention entweder in Bezug zur Lebenswelt der Adressat*innen gesetzt oder aber die gesellschaftliche Funktion dieser Interventionen anvisiert wird. Insgesamt unterscheiden sich die Tätigkeitsfelder von den Arbeitsfeldern dadurch, dass sie jeweils nur einzelne Teilaspekte bzw. Schwerpunkte der mit den Arbeitsfeldern einhergehenden Aufgaben- bzw. Problemstellungen bearbeiten, unterschiedlichen methodischen Vorgehensweisen folgen und hinsichtlich ihrer Intensität und Strukturierung unterschiedlich organisiert sind (vgl. Heiner, 2010, S. 96).

4.2 Systematisierungen der Arbeits- und Tätigkeitsfelder

Die Angebote der Kinder- und Jugendhilfe werden maßgeblich durch folgende Faktoren strukturiert (vgl. Heiner, 2012, S. 612 ff.):

- Zeitumfang,
- Zeitdauer,
- Lebenswelt- und Alltagsnähe,
- Formalisierungsgrad.

Zudem ist das Spektrum der darin zu bearbeitenden Aufgaben ein Maßstab dafür, wie intensiv das sozialpädagogische professionelle Handeln jeweils in die Lebensführung der Adressat*innen eingreift (vgl. ebd.) Dies lässt sich beispielhaft an der Differenzierung von offenen über ambulante und teilstationäre bis hin zu vollstationären Einrichtungen festmachen. Es lassen sich unterschiedliche Interventionsgrade in den Angeboten und Hilfemaßnahmen identifizieren, sodass es der Kinder- und Jugendhilfe möglich ist, auf Problemlagen unterschiedlicher Intensität, Komplexität und Härte zu reagieren.

Nachfolgend stellen wir zwei Modelle vor, die beide auf Lebensphasen basieren, aber unterschiedlich mit den Interventionsgraden arbeiten, mit denen die Kinder- und Jugendhilfe in den verschiedenen Arbeits- und Tätigkeitsfeldern operiert. Beide Modelle bauen auf einer Steigerungslogik auf: Der Grad der Interventionen nimmt von Ebene zu Ebene zu und basiert darauf, zunächst von hinreichend vorhandenen Alltagskompetenzen der Adressat*innen auszugehen. Diese Kompetenzen werden stufenweise ergänzt und unterstützt. Die Bezugsgröße der Interventionen setzt entweder am Eingriff in die Lebenswelt der Adressat*innen an (vgl. Thole, 2012, siehe Abschnitt 4.2.1) oder orientiert sich an der gesellschaftlichen Funktion dieser Interventionen (Hamburger, 2016, siehe Abschnitt 4.2.2).

4.2.1 Eingriff in die Lebenswelt der Adressat*innen

Das erste Modell geht vom unterschiedlichen Einmischungsgrad der Angebote innerhalb der Arbeits- und Tätigkeitsfelder aus (vgl. Thole, 2012). Diese lassen sich insoweit unterscheiden, als sie die Lebenswelt der Adressat*innen entweder *ergänzen*, *unterstützen* oder *ersetzen* (vgl. ebd., S. 27).

Exkurs: „Lebenswelt" als zentrales theoretisches Konzept der Sozialen Arbeit

Mit dem Begriff der *Lebenswelt* greift dieser Vorschlag ein zentrales theoretisches Konzept der Sozialen Arbeit auf, welches maßgeblich von Hans Thiersch definiert wurde. Die Lebenswelt beschreibt die „Erfahrung der Wirklichkeit" (Thiersch, 2006), die dem Individuum fraglos gegeben ist und mit der es sich entsprechend arrangieren muss. Strukturiert wird die Lebenswelt durch die jeweiligen gesellschaftlichen Verhältnisse. Jenseits dieser deskriptiven Einstellung zielt das Konzept der Lebensweltorientierung normativ-kritisch darauf ab, die jeweiligen Verhältnisse nicht lediglich hinzunehmen, sondern Möglichkeiten einer gelingenderen und bewussteren Lebensführung auszuloten (vgl. Thiersch, Grunwald & Köngeter, 2012, S. 184 ff.). Die drei Begriffe *Ergänzung, Unterstützung* und *Ersetzung* verweisen hierbei auf den Interventionsgrad in den jeweiligen Angeboten, d. h. inwieweit dort in die alltägliche Lebensführung der Adressat*innen eingegriffen wird.

Je stärker Angebote der Kinder- und Jugendhilfe in die Lebenswelten von Kindern, Jugendlichen und Familien eindringen und eingreifen, desto größer wird der Druck, diese Eingriffsintensität fachlich und

Intensität der Intervention	Beispiele für Angebote innerhalb der Kinder- und Jugendhilfe
Lebenswelt-ergänzend	• Kindertageseinrichtungen • Kinder- und Jugendarbeit, insb. Jugendfreizeitarbeit und Jugendverbandsarbeit • Allgemeiner Sozialer Dienst
Lebenswelt-unterstützend	• Kinder- und Jugendarbeit inkl. Jugendsozialarbeit • Hilfen zur Erziehung, bspw. die Sozialpädagogische Familienhilfe • Allgemeiner Sozialer Dienst • Jugendgerichtshilfe
Lebenswelt-ersetzend	• Hilfen zur Erziehung, insb. die Formen der Fremdunterbringung • Jugendgerichtshilfe

*Abb. 4.3: Angebote der Kinder- und Jugendhilfe nach dem Grad ihres Eingriffs in die Lebenswelt der Adressat*innen (Quelle: in Anlehnung an Thole, 2012, S. 28)*

ethisch zu legitimieren. Damit steigt auch die Wahrscheinlichkeit, dass das Angebot als eine von außen aufoktroyierte Maßnahme und Belastung empfunden wird.

Angebote, welche eine *ergänzende* Begleitstruktur zur Lebenswelt der Adressat*innen darstellen bzw. als Teil dieser Lebenswelt erfahren werden, werden zumeist als unproblematisch wahrgenommen. Dennoch werden adressat*innenseitig auch lebensweltergänzende Angebote bereits bisweilen als Eingriff erfahren: Beispielsweise, wenn Eltern es als übergriffig empfinden, wenn ‚ihr Kind' in der Kindertageseinrichtung Regeln und Erziehungspraktiken erfährt, die den familialen Regeln und Erziehungspraktiken entgegenstehen. Anlass hierfür können relativ banale Alltagsfragen sein wie die ‚Kleiderordnung' für das Spielen im Sandkasten, aber ebenso auch tieferliegende Fragen wie z. B. der Umgang mit Differenz und Diversität im Kontext von Religion, Gender, Migration usf. *Unterstützende* Angebote zeichnen sich dadurch aus, dass sie insofern Alternativen zu den konkreten Alltagsentwürfen der Adressat*innen eröffnen, als sie auf eine Veränderung der jeweiligen lebensweltlichen Realität abstellen: In unserem Beispiel der Familie Palm/Müller (siehe hierzu Unterkapitel 1.2) ist der regelmäßige Besuch durch eine Sozialpädagogische Familienhilfe dazu da, die familiale Lebenswelt darin zu unterstützen, Alternativen der Erziehungs- und Beziehungsinteraktion zu erarbeiten. Schließlich existieren in der Kinder- und Jugendhilfe Angebote, welche *ersetzend* in die Lebenswelt der Adressat*innen eindringen und eingreifen, indem der lebensweltliche Eigensinn durch eine intensive Vorstrukturierung korrigiert, diszipliniert, normalisiert und angepasst wird. Am Beispiel der Unterbringung von Kindern und Jugendlichen in stationären Erziehungshilfeeinrichtungen wird deutlich, wie nahezu die komplette Lebenswelt überformt wird: Die zuvor familiale Lebenswelt wird quasi durch eine institutionelle ‚Jugendhilfe-Lebenswelt' ersetzt, welche die stationäre Einrichtung der Heimerziehung in Gestalt ihrer Strukturen, Regeln und Abläufe, aber auch Logiken und Rationalitäten vorhält.

4.2.2 Interventionsgrade in ihrer gesellschaftlichen Funktion

Die Angebote der Kinder- und Jugendhilfe lassen sich in einem zweiten Modell systematisieren, indem insbesondere die gesellschaftliche Funktion der jeweiligen Interventionen in den Vordergrund gerückt wird (vgl. Hamburger, 2016). Leitend sind hierbei sowohl die Frage danach, welche Funktion einzelne Angebote für die Gesellschaft bereithalten, als auch, inwiefern die jeweiligen Angebote Normalität und Abweichung repräsentieren.

Neben einer Orientierung an der zugrundeliegenden gesellschaftlichen Funktion der Angebote wird diese Systematisierung angeleitet durch die altersgradierten Lebensphasen der Adressat*innen. In diesem Modell lassen sich sechs aufeinanderfolgende Ordnungsebenen benennen (Abb. 4.4):

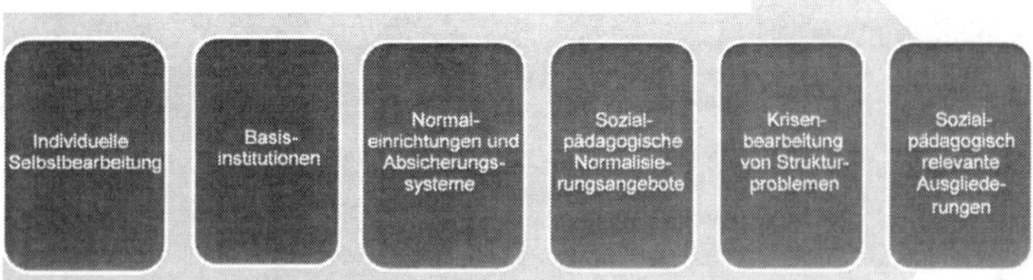

Abb. 4.4: Sechs Ordnungsebenen nach Hamburger (Quelle: Hamburger, 2016, S. 156

Für die Angebote der Kinder- und Jugendhilfe zeichnet sich aus dieser Perspektive betrachtet folgendes Bild (Abb. 4.5):

Interventionsgrad/Lebensphase		Kindheit	Jugend
I	Individuelle Selbstbearbeitung		
II	Basisinstitutionen	• Familie	• Schule • Berufsausbildung
III	Sozialpädagogische bzw. sozialpolitische Normaleinrichtungen und Absicherungssysteme	• Kindertagesbetreuung • Elternbildung	• Jugendarbeit
IV	Sozialpädagogische Normalisierungsangebote	• Erziehungsberatung • Hort • Hausaufgabenhilfe • Sozialpädagogische Familienhilfe	• Jugendwohnheime • Schulsozialarbeit • Jugendsozialarbeit
V	Sozialpädagogische Krisenbearbeitung von Strukturproblemen	• Pflegefamilie • Adoptionsvermittlung • Tagesgruppen	• Heimerziehung • Jugendgerichtshilfe • Drogenhilfe
VI	Sozialpädagogisch relevante Ausgliederungen	• Inobhutnahme	• Jugendpsychiatrie • Jugendstrafvollzug

Abb. 4.5: Systematisierung der sozialpädagogischen Arbeits- und Tätigkeitsfelder nach Lebensphase und Interventionsgrad (Quelle: in Anlehnung an Hamburger, 2016, S. 159, Tab. 1)

In diesem zweiten Modell wird das Ziel verfolgt, dass Problembearbeitung und -bewältigung so weit wie möglich selbsttätig und eigenverantwortlich von den Adressat*innen selbst erbracht werden bzw. diese lediglich hierbei unterstützt werden. Dies geschieht durch möglichst nahe und niedrigschwellige Instanzen wie die lebensphasenspezifischen Basisinstitutionen, bevor dann sukzessive intensivere sozialpädagogische Interventionen angeboten und implementiert werden. Übersetzt in sozialstaatliche Prinzipien und sozialpädagogische Konzepte bedeutet dies, dass zunächst von hinreichend vorhandenen Alltagskompetenzen der Adressat*innen ausgegangen wird, die auch in diesem Modell stufenweise ergänzt und unterstützt werden.

4.3 Zusammenfassung

Das Handlungsfeld Kinder- und Jugendhilfe begleitet das Aufwachsen in der Bundesrepublik mit einer Vielzahl unterschiedlicher Leistungen und Angebote. Die jeweiligen Angebotsstrukturen lassen sich

u. a. hinsichtlich unterschiedlicher Interventionsgrade systematisieren. Vielfach kann eine Steigerungslogik beobachtet werden, die von sehr niedrigschwelligen offenen und ambulanten Angebotsformen über teilstationäre Formen bis hin zu vollstationären Angeboten reicht. Sie lässt sich zum einen aus der Perspektive der Lebensweltorientierung insofern theoretisch rahmen, als diese Angebotsformen die Lebenswelt der Adressat*innen entweder ergänzen, unterstützen oder ersetzen. Zum anderen lassen sich steigende Interventionsgrade in ihrer gesellschaftlichen Funktion reflektieren: Die Bearbeitung der an die Kinder- und Jugendhilfe adressierten Probleme wird hiernach zunächst von möglichst nahen und niedrigschwelligen Instanzen wie den lebensphasenspezifischen Basisinstitutionen übernommen, bevor – falls erforderlich – intensivere sozialpädagogische Interventionen hinzugezogen werden.

5

5 Die fünf Arbeitsfelder der Kinder- und Jugendhilfe

Wenn Sie dieses Kapitel durchgearbeitet haben, haben Sie einen Überblick über die Arbeits- und Tätigkeitsfelder der Kinder- und Jugendhilfe erhalten. Sie sind sowohl in der Lage, deren Unterschiede und Gemeinsamkeiten zu benennen, als auch die verschiedenen Merkmale, nach denen sie sich ausdifferenzieren.

Nachfolgend geben wir einen exemplarischen Überblick über die Strukturierung der Angebote der Kinder- und Jugendhilfe in den fünf Arbeitsfeldern, wie sie im SGB VIII angeordnet sind:

- Jugendarbeit (Unterkapitel 5.1),
- Jugendsozialarbeit (Unterkapitel 5.2),
- Förderung der Erziehung in der Familie und Frühe Hilfen (Unterkapitel 5.3),
- Frühkindliche Bildung, Betreuung und Erziehung (Unterkapitel 5.4) sowie
- Hilfen zur Erziehung (Unterkapitel 5.5).

Dabei konzentrieren sich die folgenden Darstellungen auf eine Beschreibung der Charakteristika und Angebotsstrukturen dieser Arbeitsfelder und der ihnen jeweilig zugehörigen Tätigkeitsfelder. Ferner geraten die jeweils in den Angeboten adressierten Zielgruppen in den Blick.

5.1 Erstes Arbeitsfeld: Jugendarbeit

Die *Jugendarbeit* bildet nach der Frühkindlichen Bildung, Betreuung und Erziehung (Unterkapitel 5.4) und den Hilfen zur Erziehung (Unterkapitel 5.5) das drittgrößte Arbeitsfeld innerhalb der Kinder- und Jugendhilfe. Historisch ist sie vor allem auf die Entwicklungslinie der Jugendpflege zurückzuführen. Rechtlich verankert findet sie sich in den §§ 11 und 12 des SGB VIII sowie in den Ausführungsgesetzen der Bundesländer (vgl. Sturzenhecker & Deinet, 2018, S. 693). Nach dem ersten Satz des § 11 des SGB VIII verpflichtet sich der Sozialstaat der Bundesrepublik dazu, jungen Menschen die Angebote zur Verfügung zu stellen, welche zur Förderung ihrer Entwicklung erforderlich sind. Weiter heißt es im Gesetzestext, dass die Angebote der Jugendarbeit bei den Interessen der Jugendlichen ihren Ausgang nehmen und entsprechend von ihnen mitgestaltet werden sollen, mit dem Ziel, „sie zur Selbstbestimmung [zu] befähigen und zu gesellschaftlicher Mitverantwortung und zu sozialem Engagement" (§ 11 Abs. 1 SGB VIII) anzuregen und hinzuführen. „Dabei sollen die Zugänglichkeit und Nutzbarkeit der Angebote für junge Menschen mit Behinderungen sichergestellt werden" (ebd.).

Definition 5.1: Charakteristikum von Kinder- und Jugendarbeit
„Charakteristikum [von Kinder- und Jugendarbeit] ist [.] ihre Partizipativität, ja ihre demokratische Verfasstheit. Kinder- und Jugendarbeit kann damit als ein Feld der Demokratiebildung bezeichnet werden: Kinder und Jugendliche werden als fähig und berechtigt angesehen, Settings, Inhalte und Arbeitsweisen gemeinsam (auch mit Fachkräften) zu bestimmen und zu gestalten. Demokratie wird nicht theoretisch vermittelt, sondern

konkret praktiziert – so will es zumindest das Gesetz“ (Sturzenhecker & Deinet, 2018, S. 696).

Mit diesem Charakteristikum verbunden ist weiterhin eine strukturelle Offenheit. Es besteht eine Freiwilligkeit bezüglich der Teilnahme, sodass hier – anders als in einigen weiteren Feldern der Kinder- und Jugendhilfe – tatsächlich von einem Angebotscharakter gesprochen werden kann. Auch ist die Art und Weise, wie Jugendarbeit lokal organisiert und angeboten wird, sehr heterogen, sodass unterschiedliche Zielgruppen erreicht werden. Diese Zielgruppen können die Jugendarbeit in der soeben beschriebenen adressat*innenorientierten Form mitgestalten.

Verfolgt werden mit dieser partizipativen, offenen und eher reaktiven Ausgestaltung der Angebote drei Ziele (§ 11 SGB VIII):

- Die Befähigung zur Selbstbestimmung,
- die Befähigung zu gesellschaftlicher Verantwortung und
- das Anregen von und Hinführen zu gesellschaftlichem Engagement.

Mit Blick auf die benannte Zielsetzung sowie die ihrer Ausführung inhärenten Charakteristika überrascht es nicht, dass auf der Ebene der theoretischen Reflexion überwiegend subjekt-, demokratie- und bildungsorientierte Ansätze und Konzepte das Arbeitsfeld instruieren, weiterentwickeln und analysieren.

Exkurs: Ansatz der subjektorientierten Jugendarbeit

Der Ausgangspunkt einer subjektorientierten Jugendarbeit liegt in der Annahme, „dass die Kernaufgabe von Jugendarbeit [...] nicht darin besteht, auf unangepasste, ärgerliche und irritierende Verhaltensweisen Jugendlicher in der Absicht zu reagieren, diese zu sozial unauffälligen, angepassten Gesellschaftsmitgliedern zu erziehen, die geltende Gesetze beachten und ihre Lebensführung an den Leitnormen der Arbeits- und Konsumgesellschaft orientieren. Der eigenständige Auftrag von Jugendarbeit wird dagegen darin gesehen, Heranwachsende zu einer eigenverantwortlichen und selbstbestimmten Lebensführung sowie dazu zu befähigen, zugleich das Recht Anderer anzuer-

> kennen, ihr Leben eigenverantwortlich und eigensinnig zu gestalten. Es geht also zentral um die Stärkung autonomer Urteils-, Entscheidungs- und Handlungsfähigkeit in Auseinandersetzung mit inneren Blockaden und äußeren Einschränkungen" (Scherr, 2013, S. 297).

Aus dieser Verortung einer subjektorientierten Jugendarbeit ergeben sich Anschlüsse und Abgrenzungen (vgl. Scherr, 2013). Jugendarbeit grenzt sich hierdurch ab von:

- einer „bloßen An- und Einpassung Heranwachsender in die ihnen vorgegebenen Lebensbedingungen" (ebd., S. 297),
- der „Zuweisung eines gesellschaftlichen Kontrollauftrags" (ebd., S. 298) und
- einem funktionalen, an Verwertungslogiken ausgerichteten Bildungsverständnis, im Sinne einer Konzentration auf die „Erzeugung ökonomisch verwertbarer Qualifikationen" (ebd.).

Jugendarbeit schließt an:

- an „Leitbegriffe wie Befreiung, Autonomie, Mündigkeit, Kritikfähigkeit und Selbstbestimmung" (ebd.),
- an das Ziel, „Bildungsprozesse des Subjekts bzw. zum Subjekt zu ermöglichen" (ebd.) und
- an bildungs- und bewältigungstheoretische Konzepte und demokratieorientierte Ansätze.

Diese emanzipatorische Grundorientierung wird in den zwei Tätigkeitsfeldern des Arbeitsfeldes *Jugendarbeit* konkretisiert – in der *Jugendverbandsarbeit* und in der *Offenen Kinder- und Jugendarbeit* (Abb. 5.1).

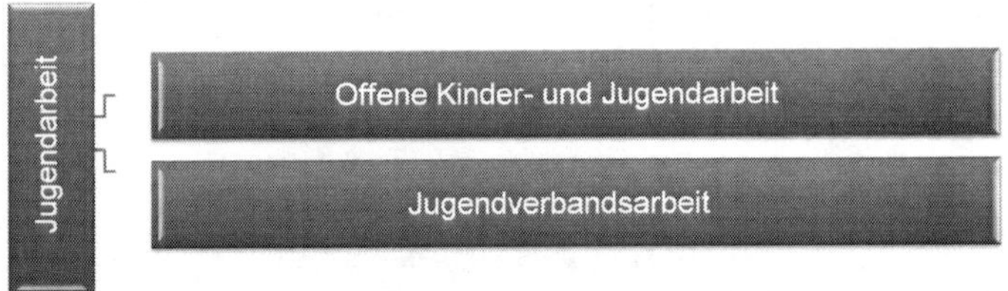

Abb. 5.1: Strukturierung des Arbeitsfeldes Jugendarbeit und seiner Tätigkeitsfelder

5.1.1 Tätigkeitsfeld Jugendverbandsarbeit

Von der *Jugendverbandsarbeit* werden Nutzer*innenanalysen zufolge je nach Quelle 30 bis 70% aller Kinder und Jugendlichen erreicht. Angesprochen sind damit Engagement und Teilnahme in einem inhaltlich wie strukturell sehr heterogenen Tätigkeitsfeld. So lassen sich inhaltlich verschiedene konfessionelle, ökologische, kulturelle, humanitär-helfende, sport- und freizeitorientierte Verbände sowie Verbände junger Migrant*innen, der Arbeiterjugend und der Pfadfinder*innen voneinander abgrenzen und unterscheiden. Strukturell hingegen können der Diversität der einzelnen Jugendverbände zum Trotz grundsätzlich zwei Ebenen unterschieden werden: eine lokale, zumeist demokratisch strukturierte *Vereinsebene*, auf der sich Jugendverbandsarbeit überwiegend im Zusammenspiel von Kindern, Jugendlichen und ehrenamtlich Tätigen organisiert, und eine überregionale *Verbandsebene*, auf der in die Finanzierung, Steuerung, Verwaltung und Repräsentation der Dachorganisation auch hauptamtlich Tätige eingebunden sind (vgl. Sturzenhecker & Deinet, 2018, S. 698). Insgesamt betrachtet wird die Jugendverbandsarbeit mehrheitlich von ehrenamtlich Tätigen sowie von den Kindern und Jugendlichen selbst getragen, organisiert und geleitet. 2019 waren knapp 2000 Personen hauptamtlich, knapp 650 nebenberuflich und rund 5500 ehrenamtlich tätig (vgl. Statistisches Bundesamt, 2021, S. 34). Mit dem Deutschen Bundesjugendring (DBJR) existiert zudem ein bundesweiter Dachverband, welchem 29 Jugendverbände, 16 Landesjugendringe und fünf Anschlussverbände angehören.

5.1.2 Tätigkeitsfeld Offene Kinder- und Jugendarbeit

Die *Offene Kinder- und Jugendarbeit* (OKJA) ist – auch durch die zunehmende Einbindung in die ganztagsschulische Betreuung in vielen Kommunen – ein Tätigkeitsfeld, in welchem die Beschäftigtenzahlen nach einem jahrelangen Einbruch seit 2010 allmählich wieder zunehmen. Für das Jahr 2018 registrierte das Statistische Bundesamt (2020b) rund 22 300 Hauptberufliche (vgl. ebd., S. 15), wobei diese knapp über 13 000 Vollzeitstellen entsprechen (vgl. ebd., S. 17). Neben Erzieher*innen und weiteren pädagogisch qualifizierten Personen arbeiten in dem Tätigkeitsfeld der OKJA mehrheitlich Sozialarbeiter*innen. Im Jahr 2019 wurden die offenen Angebote von 950 155 Jugendlichen genutzt (vgl. Autorengruppe Kinder- und Jugendhilfestatistik, 2021). Der Großteil der OKJA findet in unterschiedlich großen Einrichtungen wie Jugendräumen, Jugendtreffs, Jugendfreizeitstätten, Jugendhäusern, Jugendklubs oder Jugendzentren statt – seltener sind mobile Einrichtungen (Spiel- und Sportmobile oder Doppeldeckerbusse als mobile Häuser) oder weitere aufsuchende Formen. Die Angebote der OKJA werden größtenteils von Professionellen verwaltet. Die in den 1970er-Jahren von Jugendlichen selbst initiierten und selbstverwalteten Jugendeinrichtungen (‚autonome Jugendzentren') sind inzwischen ebenfalls häufig mit Haupt- oder Nebenamtlichen besetzt. All diese Einrichtungen sind in vielen Kommunen Teil der Infrastruktur. Die Angebote stehen nach dem gesetzlichen Auftrag prinzipiell allen Kindern und Jugendlichen offen. Faktisch lassen sich aber unter dem Label *Offene Kinder- und Jugendarbeit* mehrheitlich Angebote finden, die primär für ‚benachteiligte' ältere Kinder und Jugendliche konzipiert sind, auch wenn zunehmend jüngere Kinder die Einrichtungen aufsuchen.

5.1.3 Die Funktion von Jugendarbeit

Insgesamt ist mit Blick auf die Funktion und Angebotsstruktur der beiden Tätigkeitsfelder festzuhalten, dass das bereits angesprochene Charakteristikum der strukturellen Offenheit hier formgebend ist: Zwar lassen die Angebote der Jugendverbandsarbeit, verglichen mit denen der Offenen Kinder- und Jugendarbeit, insgesamt einen höheren Organisationsgrad und eine stärkere Bindekraft hinsichtlich ihrer Adressat*innen erkennen, im Vergleich mit anderen Arbeitsfeldern der Kinder- und Jugendhilfe ist die fachlich-intendierte strukturelle Offenheit jedoch auch hier das entscheidende Merkmal bei der Ausgestaltung der Angebote.

Das Arbeitsfeld *Jugendarbeit* sieht sich grundsätzlich vor der Herausforderung, Kinder und Jugendliche überhaupt zu erreichen, und dann so, dass diese sich gestaltbare Räume für (Selbst-)Bildung aneignen, Partizipation und Selbstwirksamkeit erfahren und sich in geschützten Räumen ausprobieren sowie gestaltend tätig werden können. Für die an Bildung, Subjektivität und Demokratie ausgerichtete Jugendarbeit ist eine Orientierung an der Lebenswelt der Heranwachsenden zentral, sodass ihre Angebote fortlaufend hinsichtlich ihrer Nähe zur Lebenswelt und der Gefahr einer Kolonialisierung ebendieser zu reflektieren sind.

Definition 5.2: Kolonialisierung der Lebenswelt

Mit dem Begriff *Kolonialisierung der Lebenswelt* ist in Rückgriff auf Jürgen Habermas angesprochen, dass die Anforderungen, Aufforderungen und Strukturen, die das rational-technologische, auf Produktion und Verwaltung ausgerichtete System der Gesellschaft bestimmen, immer stärker in die Lebenswelt der Adressat*innen hineinwuchern und diese zu überformen drohen (vgl. Habermas, 1987b; Grunwald & Thiersch, 2015, S. 935). Diesem Vorwurf sehen sich auch die Angebote der Kinder- und Jugendhilfe ausgesetzt, sodass in der Praxis eine fortlaufende Reflexion diesbezüglich erforderlich wird.

Eine grundsätzliche Herausforderung stellt die Ausrichtung an das jeweilige spezifische Lebensalter sowohl von Kindern, als auch von Jugendlichen dar. Dabei ist die Phase der Kindheit als ein theoretisch-konzeptionelles Stiefkind der Kinder- und Jugendarbeit zu bezeichnen (vgl. Deinet, 1987; Schröer, Brandt & Terstappen, 2011). Zwar konnten sich für Kinder bereits in den 1960er Jahren im Rahmen der offenen Kinder- und Jugendarbeit Angebote wie Bauspielplätze oder Abenteuerspielplätze etablieren, die unter ‚offener Arbeit mit Kindern' firmierten (vgl. Nahrstedt et al., 1986). Diese Angebote zielten jedoch nicht primär auf eine sozialpädagogisch orientierte Arbeit mit Problemgruppen ab, wie dies für andere Arbeitsfelder der Kinder- und Jugendhilfe im Sinne einer sozialarbeiterischen Unterstützung der Lebensbewältigung typisch ist. Vielmehr wollten diese Angebote unter den jugendarbeiterischen Strukturprinzipien von Offenheit und Freiwilligkeit *allen* Kindern eines Stadtteils einen attraktiven Freizeit- und Erfahrungsraum für Begegnungen bieten. Zentrale Ziele dieser offenen Arbeit mit Kindern waren der Abbau von Bildungsbenachteiligung sowie die Befähigung zur gesellschaftlichen Mit- und Selbstbestimmung (vgl. Nahrstedt et al., 1986; Deinet, 1987). Jedoch veränderten sich diese Angebote im Laufe der 1990er Jahre einerseits in Richtung der Förderung von benachteiligten Kindern, andererseits fokussierte die Fachdebatte der Kinder- und Jugendarbeit zugleich nun primär das Jugendalter – sowohl weil sie selbst vom Ideal des emanzipatorischen Jugendalters getragen wurde (im Kontrast zur Kindheit als Entwicklungszeit), als auch vor dem Hintergrund, dass sich frühe, mittlere und späte Kindheit mehrheitlich in Familie und Kindergarten bzw. Schule abspielt und es sich damit bei Kindern nicht um ihre primären Adressat*innen handelt. Diese Marginalisierung einer außerfamilialen bzw. außerschulischen Kindheit spiegelt sich auch in verschwindend wenigen Forschungsarbeiten und Veröffentlichungen wider. Damit reproduziert bzw. treibt das Diskursfeld Kinder- und Jugendarbeit selbst nicht nur die institutionelle Trennung zwischen ‚den' Kindern und ‚den' Jugendlichen weiter voran, sondern marginalisiert einen gesetzlichen Auftrag.

5.2 Zweites Arbeitsfeld: Jugendsozialarbeit

Das Arbeitsfeld *Jugendsozialarbeit* ist vorrangig in der historischen Entwicklungslinie der Jugendfürsorge verortet. Anstelle eines offenen und partizipativen Regelangebotes konzentriert sich das Augenmerk der Jugendsozialarbeit auf den Abbau bzw. den Ausgleich von Benachteiligungen junger Menschen und deren gesellschaftliche Integration. Dabei bezieht sich die Integrationsfunktion vor allem auf die gesellschaftlichen Teilsysteme Schule und Arbeitsmarkt.

Definition 5.3: Jugendsozialarbeit

„Junge Menschen haben einen Anspruch auf Entwicklung, Bildung, Ausbildung und Teilhabe. Jugendsozialarbeit (§ 13 SGB VIII) unterstützt die Jugendlichen, deren umfassende gesellschaftliche Integration aufgrund von sozialer Benachteiligung und/oder individueller Beeinträchtigung gefährdet ist. Mit arbeitsweltbezogener Jugendsozialarbeit, durch Schulsozialarbeit und Angebote des Jugendwohnens sowie mit aufsuchenden, mobilen und offenen sozialpädagogischen Ansätzen will Jugendsozialarbeit Benachteiligung entgegenwirken und individuelle Weiterentwicklung fördern“ (Pingel, 2018, S. 737). Konkret sollen ihre Angebote „mit den Maßnahmen der Schulverwaltung, der Bundesagentur für Arbeit, der Jobcenter, der Träger betrieblicher und außerbetrieblicher Ausbildung sowie der Träger von Beschäftigungsangeboten abgestimmt werden“ (§ 13 Abs. 4 SGB VIII).

Wie dieser Zielbeschreibung des Arbeitsfeldes zu entnehmen ist, gliedert sich die Jugendsozialarbeit in die vier Tätigkeitsfelder *arbeitsweltbezogene Jugendsozialarbeit*, *Schulsozialarbeit*, *zielgruppenspezifische und mobile Ansätze der Jugendsozialarbeit* sowie *Jugendwohnen* (Abb. 5.2).

Abb. 5.2: Strukturierung des Arbeitsfeldes Jugendsozialarbeit und seiner Tätigkeitsfelder

Der Autorengruppe Kinder- und Jugendhilfestatistik (2021) zufolge arbeiteten 2018 etwa 12 700 Mitarbeiter*innen im Arbeitsfeld der Jugendsozialarbeit (vgl. ebd., S. 36). Von diesen waren knapp 6 600 Fachkräfte in der Schulsozialarbeit, weitere knapp 1 500 im Tätigkeitsfeld des Jugendwohnens sowie über 3 200 in der ausbildungsbezogenen Jugendsozialarbeit beschäftigt. Für die Beschäftigten im Tätigkeitsfeld der mobilen Jugendsozialarbeit liegen keine verlässlichen Zahlen vor, da mobile Angebote statistisch allgemein unter dem Schlagwort der Jugendarbeit aufgeführt werden (vgl. Statistisches Bundesamt, 2020b).

Auch bezüglich der Angebotsstruktur unterscheidet sich das Arbeitsfeld *Jugendsozialarbeit* deutlich von dem der *Jugendarbeit*. Der strukturellen Offenheit, welche für das Arbeitsfeld der Jugendarbeit kennzeichnend ist, steht im Arbeitsfeld *Jugendsozialarbeit* eine gestufte Angebotsstruktur gegenüber. Eines ihrer zentralen Merkmale ist hierbei die Unterscheidung zwischen Komm- und Geh-Struktur:

- *Komm-Struktur:* Angebote mit Komm-Struktur zeichnen sich dadurch aus, dass die Adressat*innen eine Einrichtung oder einen Sozialen Dienst in klassischer Weise aufsuchen, also dort hin*kommen*. Beispielsweise werden im Tätigkeitsfeld der arbeitsweltbezogenen Jugendsozialarbeit strukturierende Maßnahmen angeboten, die von den Jugendlichen aufgesucht werden.
- *Geh-Struktur:* Bei Angeboten mit Geh-Struktur sind es die sozialpädagogischen Fachkräfte, welche die Adressat*innen in ihrem Lebensumfeld (z. B. zu Hause oder auf der Straße) aufsuchen, also zu ihnen hin*gehen*. Beispielsweise nehmen Sozialarbeiter*innen der mobilen Jugendsozialarbeit auf der Straße niedrigschwellig Kontakt zu Jugendlichen auf, um somit einen möglichen Einstieg in weitere schul- und berufsintegrierende Maßnahmen zu organisieren.

Hinweis: Ambivalenz von Komm- und Geh-Struktur

Im Fachdiskurs werden Angebote, die unter Geh-Struktur gefasst werden, im Vergleich zu Angeboten, die unter Komm-Struktur fallen, als prinzipiell niedrigschwellig und damit vorbehaltloser diskutiert. Jedoch können Besuche als nötigend wahrgenommen werden. Gerade im häuslichen Umfeld kann die als niedrigschwellig interpretierte aufsuchende Hilfe leicht zu einer 'fürsorglichen Belagerung' mutieren, gegenüber der sich die Adressat*innen kaum zur Wehr setzen können (vgl. Grunwald & Thiersch, 2015, S. 938 f.).

5.2.1 Tätigkeitsfeld der arbeitswelt- bzw. ausbildungsbezogenen Jugendsozialarbeit

Das Tätigkeitsfeld der *arbeitswelt- bzw. ausbildungsbezogenen Jugendsozialarbeit* fokussiert einen gelingenden Übergang junger Menschen von der Schule in den Arbeitsmarkt. Es umfasst „unterschiedliche Formen der Beratung, Bildung und Begleitung in der Berufsorientierung, bei der Vorbereitung und Bewältigung einer Ausbildung sowie auch teilweise eigene Bildungs-, Ausbildungs- und Beschäftigungsangebote für Jugendliche mit besonderem Unterstützungsbedarf, etwa in Form von Jugendwerkstätten und Produktionsschulen" (Pingel, 2018, S. 741). In der Architektur der Angebotsstrukturen dieses Tätigkeitsfeldes lassen sich hier zwei Formen unterscheiden:

- Ambulante Formen, welche eher sporadisch aufgesucht werden, z. B. Beratungssettings und
- kontinuierliche und eine höhere Verbindlichkeit erfordernde, teilstationäre Maßnahmen, z. B. Jugendwerkstätten und Produktionsschulen.

5.2.2 Tätigkeitsfeld der Schulsozialarbeit

Ähnlich verhält es sich mit dem Tätigkeitsfeld der *Schulsozialarbeit*. Diese bietet neben ambulanten Beratungsangeboten bei akuten Problemkonstellationen auch an den Schulbetrieb und das Setting Unterricht angepasste, quasi 'teilstationäre' Angebotsformen an, etwa in Gestalt von am Einzelfall oder an Teilgruppen orientierten lern- und schulbezogenen Förderprogrammen und Hilfen (vgl. Spies, 2018, S. 139 f.).

Exkurs: Das Verhältnis von Kinder- und Jugendhilfe und Schule

Das Verhältnis von Kinder- und Jugendhilfe und Schule wird seit zwei Jahrzehnten intensiv ausgelotet, u. a. unter der Frage der „sozialpädagogischen Verantwortung der Schule" (Zeller,

2007). Anke Spies (2018) führt dieses komplexe Verhältnis von Schulsozialarbeit und Schule wie folgt aus:

„Kinder und Jugendliche werden zum einen in ihrer Rolle als Schüler_innen zu potenziellen Adressat_innen Sozialer Arbeit, wenn sie aufgrund lebensweltlicher Bedingungen Schwierigkeiten haben, den Anforderungen des Schulsystems oder des Berufsausbildungssystems zu genügen. Aus diesem Grund ist die Kinder- und Jugendhilfe gem. § 81 SGB VIII [und seit 2021 zusätzlich gemäß § 13a SGB VIII; Anm. D. F. und M. S.] zur Zusammenarbeit mit Schulen verpflichtet. Zum anderen wird Soziale Arbeit in der jüngeren Vergangenheit vermehrt in schulische Settings eingebunden oder in ihrer Nähe platziert, weil bildungs-, sozial- und arbeitsmarktpolitische Entscheidungen einen Strukturwandel des Bildungssystems anstreben, der u. a.

- in ganztägigen Beschulungs- und Betreuungssettings die Erziehungs- und Bildungsaufträge von Schule und Jugendhilfe zusammenführt,
- Übergänge im Bildungssystem durch Kooperationskonzepte entschärfen will und dafür auch
- Beratungsangebote für Jugendliche und Familien enger mit dem Ort der Schule zu verbinden sucht sowie
- das Handlungsfeld [in unserer Systematik: Tätigkeitsfeld; Anm. D. F. und M. S.] Schulsozialarbeit als strukturelles Unterstützungsangebot nachhaltig und schulformübergreifend als Strukturelement im Bildungssystem zu etablieren beginnt.

Je nach regionaler Angebotsstruktur der Sozialen Arbeit und dem personellen Engagement der Lehrkräfte ‚nutzen' einzelne Schulen die Soziale Arbeit aber auch, indem sie sich eigeninitiativ bspw. mit Erziehungsberatungsangeboten der Jugendhilfe vernetzen [...] oder in Fragen des Kinderschutzes kollegiale Beratung suchen. Durch zeitlich befristete und in die Unterrichtsstruktur von Schule eingebundene Projekte erreichen präventive Angebote der Sozialen Arbeit wie z. B. jene der Suchtberatung, der Sexualaufklärung, des Kinderschutzes oder der Gewaltprävention ihre Adressat_innen am Ort der Schule" (ebd., S. 134 f.).

Schulsozialarbeit wird vorwiegend (und auch vorliegend) zwar als Teil von Jugendsozialarbeit systematisiert, dennoch enthält sie „in der praktischen Umsetzung aber auch Elemente der Jugendarbeit und des erzieherischen Kinder- und Jugendschutzes" (Walhalla Fachredaktion, 2021, S. 62). Auch wenn sie mit dem Inkrafttreten des KJSG 2021 als ein Tätigkeitsfeld der Kinder- und Jugendhilfe (§ 13a SGB VIII) bestimmt wird, wird die Konkretisierung von Inhalt und Umfang ihrer Aufgaben nach wie vor in den jeweiligen Ausführungsgesetzen der einzelnen Bundesländer vorgenommen – und dort oftmals als Teil des landesspezifischen Schulrechts. Bereits auf der Ebene des Rechtsrahmens spiegelt sich insofern wider, dass die kooperative Zusammenarbeit von Kinder- und Jugendhilfe und Schule gegenwärtig vielerorts nicht auf Augenhöhe realisiert wird. Angekoppelt an die *Funktionslogiken* von Schule werden Schulsozialarbeit*innen nicht selten eher als ‚Hilfs-Lehrer*innen' eingesetzt und mit einer am Lehrplan ausgerichteten Förderung einzelner Schüler*innen beauftragt.

Hinweis: Zu den Funktionslogiken von Schule

Um die Logiken von Schule besser zu verstehen, hilft es, die verschiedenen Funktionen in den Blick zu nehmen, die die Bildungsinstitution Schule für die Gesellschaft erfüllt. Zu unterscheiden sind diesbezüglich die folgenden Funktionen (vgl. Fend, 2006, S. 49 ff.):

- Qualifikationsfunktion: Die offensichtlichste Funktion von Schule besteht darin, Schüler*innen zu qualifizieren, indem ihnen allgemeinbildende Kenntnisse und Fertigkeiten vermitteln werden. Die Qualifizierung dient hierbei jedoch nicht nur den einzelnen Schüler*innen, vielmehr soll durch sie auch die „Aufrechterhaltung und Verbesserung der wirtschaftlichen Wettbewerbsfähigkeit" (ebd., S. 50) sichergestellt werden.
- Enkulturationsfunktion: Darüber hinaus findet in Schule – etwa über den Gebrauch von Sprache und Kulturtechniken – eine Vermittlung symbolischer Ordnungen statt, welche kulturelle Teilhabe und das Herausbilden von Identität ermöglichen. „Durch diese Kulturinitiation werden Kinder in

ihrer jeweiligen Kultur heimisch, sie bleiben nicht Fremde im eigenen symbolischen Umfeld" (ebd., S. 49).

- Integrationsfunktion: Weiterhin reproduziert Schule Konventionen, Weltsichten und Normen, „die zur Stabilisierung der politischen Verhältnisse dienen" (ebd., S. 50). In und durch Schule vollziehen sich Prozesse der Vergesellschaftung junger Menschen.
- Allokationsfunktion: Schließlich platziert Schule junge Menschen qua der unterschiedlichen, stufenförmig angeordneten Schulabschlüsse und Leistungszertifikate innerhalb der gesellschaftlichen Sozialstruktur. Über diese Allokationsfunktion werden Schulabgänger*innen auf Studienorte, Ausbildungsstätten, Arbeitsplätze sowie auf das von der ausbildungsbezogenen Jugendsozialarbeit begleitete, sogenannte ‚Übergangssystem' verteilt. Angesprochen sind damit weniger unterschiedliche inhaltliche Interessen und ‚Begabungen' Heranwachsender, als vielmehr eine an der schulischen Leistungshierarchie ausgerichtete Vergabe (und Verweigerung) von Optionen und Chancen. Nicht zuletzt über hieraus resultierende Status- und Lohnunterschiede erwachsen aus den schulischen Leistungsunterschieden jedoch vielfach soziale Ungleichheiten.

Diese vier Funktionen von Schule dienen in erster Linie der Reproduktion von Gesellschaft. „Jede neue Generation wird über das Bildungswesen an den Stand der Fähigkeiten, des Wissens und der Werte herangeführt, der für das Fortbestehen der Gesellschaft erforderlich ist. In sich rasch wandelnden Gesellschaften wird das Bildungswesen gleichzeitig zu einem Instrument des sozialen Wandels, wenn es darauf ausgerichtet wird, neue Qualifikationen zu vermitteln, um zukünftige Aufgaben bewältigen zu können" (ebd., S. 49).

Solche schulförmigen Beauftragungen werden jedoch durch das Leitmotiv und die Ziele der Kinder- und Jugendhilfe (§ 1 SGB VIII; siehe vertiefend hierzu auch den Abschnitt 3.2.1) nur teilweise legitimiert. Eine an Leitmotiv und Zielen der Kinder- und Jugendhilfe orientierte

Schulsozialarbeit ist fortlaufend herausgefordert zu prüfen, unter welchen Voraussetzungen und inwieweit ihr Auftrag zum einen darin besteht, den verschiedenen Funktionslogiken von Schule zuzuarbeiten und zum anderen darin, eigene Akzente und Kontrapunkte zu setzen. Dies mag auch eine kritische Begleitung von Schule umfassen, etwa um Kinder und Jugendliche vor den in Schule selbst angelegten Leistungsimperativen und Ungleichheiten erzeugenden Wirkmechanismen zu schützen bzw. Eltern und Lehrkräfte hierfür zu sensibilisieren.

5.2.3 Tätigkeitsfeld mobile Jugendsozialarbeit

Das Tätigkeitsfeld der *mobilen Jugendsozialarbeit* erreicht über Streetwork-Angebote Kinder und Jugendliche, die von den Sozialen Diensten und Einrichtungen ansonsten nicht oder nur schwer zu erreichen sind, wie etwa im Kontext von Schulabstinenz oder von Wohnungslosigkeit. Diese Angebote sind sehr niedrigschwellig und quasi ambulant.

5.2.4 Tätigkeitsfeld Jugendwohnen

Schließlich wird im Tätigkeitsfeld des *Jugendwohnens* ein quasistationäres Setting vorgehalten. Junge Menschen, die ausbildungs- und arbeitsmarktbedingt an einen neuen Wohnort ziehen müssen, erhalten in Jugendwohnheimen eine sozialpädagogisch begleitete Unterkunft. Hierbei richtet sich das Jugendwohnen vor allem an Jugendliche, „die aus sozialen Gründen nicht mehr in ihrer Herkunftsfamilie wohnen können, die individuell beeinträchtigt oder sozial benachteiligt sind und daher besonderer Unterstützung bedürfen, um einen Ausbildungsplatz zu finden bzw. eine Ausbildung zu bewältigen“ (Pingel, 2018, S. 743 f.).

5.2.5 Die Funktion von Jugendsozialarbeit

Insgesamt sind die Jugendsozialarbeit und ihre Angebote rechtlich im § 13 bzw. 13a des SGB VIII kodifiziert. Infolge ihrer Integrationsfunktion in die gesellschaftlichen Teilsysteme Schule und Arbeitsmarkt sind sie über die Leistungen des Kinder- und Jugendhilfegesetzes hinausgehend gleichfalls mit den folgenden Leistungen eng verzahnt (vgl. Enggruber, 2013, S. 7; Pingel, 2018, S. 740 ff.):

- SGB II: Grundsicherung für Arbeitsuchende,
- SGB III: Arbeitsförderung,

- SGB XII: Sozialhilfe sowie
- mit dem jeweiligen Schulrecht der Länder.

Trotz dieser Verzahnungen versteht sich die Jugendsozialarbeit einerseits als eigenständiger Bildungsakteur, welcher den Jugendlichen kompetenzorientiertes Alltagswissen anbietet, sie bei der Bewältigung ihres Alltags unterstützt und sie auf eine selbstständige Zukunft vorbereitet (vgl. Pingel, 2018, S. 740). Andererseits lässt sich speziell die arbeitswelt- bzw. ausbildungsbezogene Jugendsozialarbeit vielfach nicht trennscharf von berufspädagogischen Angeboten abgrenzen, sodass hier von einem die Arbeits- und Tätigkeitsfelder der Kinder- und Jugendhilfe übersteigenden Feld der ‚Jugendberufshilfe' gesprochen werden kann (vgl. Enggruber, 2013). An der Schnittstelle von Jugend-, Sozial- und Bildungspolitik operierend, wird dieses sektorenübergreifende Feld von den beteiligten Akteuren nicht selten regelrecht als „Förderdschungel" (ebd., S. 7) erfahren, bei dem Zielkonflikte mehr oder weniger vorprogrammiert sind: „Während in der Kinder- und Jugendhilfe die Entwicklung ‚zu einer [selbstbestimmten; Anm. D. F. und M. S.] eigenverantwortlichen und gemeinschaftsfähigen Persönlichkeit' (§ 1 SGB VIII) im Zielfokus steht, geht es bei den arbeitsmarkt- und sozialpolitischen Instrumenten des SGB II und III um die Förderung von ‚Erwerbsfähigkeit' (§ 1 SGB II) bzw. ‚Beschäftigungsfähigkeit' (§ 1 SGB III) zur Vermeidung oder Beendigung von Arbeitslosigkeit" (ebd.). Verschärft werden diese Zielkonflikte zudem dadurch, dass die Leistungen der Bundesagentur für Arbeit bzw. des jeweiligen Grundsicherungsträgers (sprich die verschiedenen Leistungen des SGB II und III) Vorrang vor den Leistungen der Kinder- und Jugendhilfe haben. Die auf die soziale Integration der Jugendlichen abzielenden Angebote der (arbeitswelt- bzw. ausbildungsbezogenen) Jugendsozialarbeit stehen damit lediglich den Jugendlichen zur Verfügung, für die sich ein besonderer sozialpädagogischer Förderbedarf nachweisen lässt. Bei allen anderen jungen Menschen wird der Übergang von der Schule in den Beruf hingegen ausschließlich durch die Leistungen des SGB II (Grundsicherung für Arbeitssuchende) und des SGB III (Arbeitsförderung) flankiert (vgl. Stuckstätte, 2011, S. 182). Der Fokus liegt dann nicht mehr auf der sozialen Integration des jungen Menschen, sondern lediglich auf dessen Integration in den Arbeitsmarkt. Programmatisch lässt sich das Arbeitsfeld der Jugendsozialarbeit mit seinen Angeboten insgesamt als eine Reaktion auf den Diskurs um benachteiligte Jugendliche und Möglichkeiten ihrer Integration und Förderung lesen (siehe hierzu das Unterkapitel 2.4). Nicht erst seitdem die Kinder- und Jugendhilfe in den letzten Jahren vermehrt mit der Unterstützung von sogenannten unbegleiteten minderjährigen Ausländer*innen (UMA) beauftragt ist, stellen jugendliche Migrant*innen eine zentrale Zielgruppe des Arbeitsfeldes dar (vgl. vertiefend hierzu Enggruber, 2018). Migrationsspezifische Themen und Integrationsaufgaben werden entsprechend sowohl als eine Querschnittsaufgabe begriffen, als auch in Gestalt spezieller Jugendmigrationsdienste (JMD) fokussiert und bearbeitet (vgl. Pingel, 2018, S. 744).

5.3 Drittes Arbeitsfeld: Förderung der Erziehung in der Familie und Frühe Hilfen

Im Arbeitsfeld *Förderung der Erziehung in der Familie und Frühe Hilfen* versammeln sich „vielfältige und heterogene Unterstützungssettings – von Angeboten zur Förderung der elterlichen Erziehungskompetenz über Beratungen in konkreten Belastungssituationen bis hin zu stationären Hilfen – in pluralen Strukturen" (Buschhorn, 2018, S. 783). Anders als in den beiden vorangegangenen Arbeitsfeldern werden in diesem Arbeitsfeld die Eltern bzw. die gesamte Familie adressiert.

Das Arbeitsfeld zielt darauf ab, Familien in ihren Erziehungsleistungen zu unterstützen und eine gewaltfreie Erziehung in der Familie zu fördern. Im Zuge dieser Zielsetzung werden folgende Dimensionen bearbeitet (vgl. ebd.):

- Die sich wandelnden Bildungs- und Erziehungsanforderungen, die an Eltern herangetragen und diskursiv unter dem Schlagwort der ‚guten Elternschaft' verhandelt werden (siehe hierzu das Unterkapitel 2.7),
- die zunehmende Heterogenität familialer Lebensformen sowie
- die sozialstrukturellen Veränderungen und Problemlagen durch die Familien in ihrem Erziehungsalltag herausgefordert werden.

Rechtlich kodifiziert finden sich Angebote dieses Arbeitsfeldes vornehmlich in den §§ 16–21 des SGB VIII. Diese Rechtsnormen lassen sich aus dem verfassungsrechtlichen Auftrag herleiten, der daraus resultiert, dass die Familie nach Grundgesetz Artikel 6 unter besonderem Schutz der staatlichen Ordnung steht. Jenseits der Kontrollfunktion, welche die Kinder- und Jugendhilfe im Auftrag des Staates in Gestalt des sogenannten staatlichen Wächteramtes übernimmt (§ 8a SGB VIII), besteht der Auftrag in diesem Arbeitsfeld vor allem darin, „Bedingungen zu schaffen und Leistungen zur Förderung und Stärkung der Erziehungskompetenz bereitzuhalten, die es Eltern ermöglichen, ihr Erziehungsrecht aber auch ihre Erziehungspflicht bestmöglich wahrzunehmen" (Buschhorn, 2018, S. 785). Mit dieser Auftragslage rückt das Arbeitsfeld inhaltlich in die Nähe der Hilfen zur Erziehung (siehe Unterkapitel 5.5). Ähnlich der Arbeitsfelder *Jugendsozialarbeit* und *Hilfen zur Erziehung* wird auch das vorliegende durch eine gestufte Angebotsstruktur sortiert.

Das Arbeitsfeld *Förderung der Erziehung in der Familie* lässt sich in die Tätigkeitsfelder *Allgemeine Förderung der Erziehung in der Familie* (§ 16 SGB VIII), *Beratung in konkreten Belastungssituationen* (§§ 17 und 18 SGB VIII), *Stationäre Hilfen in spezifischen Lebenssituationen* (§§ 19–21 SGB VIII) sowie die 2012 implementierten *Frühen Hilfen* unterteilen.

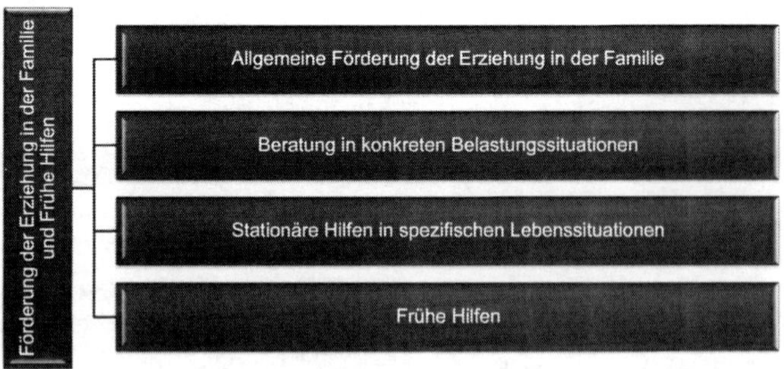

Abb. 5.3: Strukturierung des Arbeitsfeldes Förderung der Erziehung in der Familie und Frühe Hilfen und seiner Tätigkeitsfelder

Für das Arbeitsfeld dokumentiert das Statistische Bundesamt im Jahr 2018 eine vergleichsweise geringe Zahl von knapp 2 300 Beschäftigten. Separiert hiervon werden zudem noch knapp 1 250 Beschäftigte ausgewiesen, die in der Beratung in Fragen der Partnerschaft, Trennung und Scheidung (§ 17 SGB VIII) tätig sind und, der vorliegenden Systematisierung folgend, als Teil des Tätigkeitsfeldes *Beratung in konkreten Belastungssituationen* hinzuzuaddieren sind. Vorbehaltlich, dass hiermit sämtliche Beschäftigte des Arbeitsfeldes aufgeführt sind, ergäbe sich eine Gesamtbeschäftigtenzahl von etwas mehr als 3 000 Beschäftigten (vgl. Statistisches Bundesamt, 2020b).

5.3.1 Tätigkeitsfeld Allgemeine Förderung der Erziehung in der Familie

Die Aufgaben und Ziele der Angebote im Tätigkeitsfeld *Allgemeine Förderung der Erziehung in der Familie* werden in § 16 Abs. 1 SGB VIII wie folgt bestimmt:

§ 16 Abs. 1 SGB VIII: Allgemeine Förderung der Erziehung in der Familie

(1) Müttern, Vätern, anderen Erziehungsberechtigten und jungen Menschen sollen Leistungen der allgemeinen Förderung der Erziehung in der Familie angeboten werden. Diese Leistungen sollen Erziehungsberechtigte bei der Wahrnehmung ihrer Erziehungsverantwortung unterstützen und dazu beitragen, dass Familien sich die für ihre jeweilige Erziehungs- und Familiensituation erforderlichen Kenntnisse und Fähigkeiten insbesondere in Fragen von Erziehung, Beziehung und Konfliktbewältigung, von Gesundheit, Bildung, Medienkompetenz, Hauswirtschaft sowie der Vereinbarkeit von Familie und Erwerbstätigkeit aneignen können und in ihren Fähigkeiten zur aktiven Teilhabe und Partizipation gestärkt werden. Sie sollen auch Wege aufzeigen, wie Konfliktsituationen in der Familie gewaltfrei gelöst werden können.

Ausgehend von dieser Aufgaben- und Zielbestimmung richten sich die Angebote dieses Tätigkeitsfeldes damit in erster Linie an Eltern. Vielerorts wird hieraus eine fachliche Fokussierung abgeleitet, die vorrangig auf den Auf- und Ausbau „elterlicher Erziehungs- und Beziehungskompetenzen" zielt (§ 16 Abs. 3 SGB VIII). Eine solche Kompetenzorientierung ist – auch wenn sie bereits im Wortlaut der Rechtsnorm so mitangelegt ist – problematisch, da die Ausgestaltung von Erziehung und Beziehung hierdurch individualisierend, auf erlernbare bzw. einübbare Verhaltensmuster reduziert wird, während gleichzeitig die Bedingungen, unter denen Erziehung und Beziehung ausgestaltet werden (müssen), ausgeblendet werden (vgl. Farrenberg & Kutscher, 2014). Aus sozialpädagogischer Perspektive spricht daher vieles dafür, die Aufgaben- und Zielbestimmung des vorliegenden Tätigkeitsfeldes weniger über eine Orientierung an Kompetenzen einzulösen, als vielmehr über eine Orientierung an den konkreten und subjektiven Alltagsanforderungen (vgl. Thiersch, 2006) und Bewältigungsmustern (vgl. Böhnisch, 2012) der Adressat*innen, sodass lebensweltbezogene Bildungsprozesse ebenso wahrscheinlich werden können, wie eine fachlich begründete Kritik an den Bedingungen, welche eine förderliche Ausgestaltung von Erziehung und Beziehung erschweren.

Das Tätigkeitsfeld *Allgemeine Förderung der Erziehung in der Familie* umfasst Angebote der Familienbildung, Elternkurse und -trainings sowie Angebote der Familienfreizeit und Familienerholung. Die Angebote sind damit „grundsätzlich voraussetzungsfrei, d. h. jenseits von individuellen Problemstellungen für alle Familien geöffnet" (Buschhorn, 2018, S. 786). Hierbei können einmalige Informationsveranstaltungen von wiederholt und turnusmäßig stattfindenden Trainings, Kursen und Maßnahmen unterschieden werden. Insgesamt werden die Angebote dieses Tätigkeitsfeldes mehrheitlich ambulant angeboten.

5.3.2 Tätigkeitsfeld Beratung in konkreten Belastungssituationen

Ebenfalls lassen sich die im Tätigkeitsfeld *Beratung in konkreten Belastungssituationen* zusammengefassten Angebote der *Beratung in*

Fragen der Partnerschaft, Trennung und Scheidung (§ 17 SGB VIII) sowie der *Beratung und Unterstützung der Personensorge und des Umgangsrechtes* (§ 18 SGB VIII) überwiegend als ambulante Angebotsformen konturieren. Zumeist sind partnerschaftliche und damit familiale Krisen- und Notsituationen der Anlass für eine Inanspruchnahme der Angebote. Abseits dieser Kriseninterventionen umfasst das Tätigkeitsfeld aber auch „universell-präventiv ausgerichtete Leistungen, die das partnerschaftliche Leben in der Familie unterstützen" (Buschhorn, 2018, S. 788). Somit lässt sich im Vergleich zu dem als Regelangebot konzipierten Tätigkeitsfeld *Allgemeine Förderung der Erziehung in der Familie* auch hier zumindest anteilig noch von einem Regelangebot sprechen. Analog zu jenem Tätigkeitsfeld adressiert auch das vorliegende in erster Linie Eltern.

5.3.3 Tätigkeitsfeld Stationäre Hilfen in spezifischen Lebenssituationen

Neben diesen beiden vorwiegend ambulant strukturierten Tätigkeitsfeldern zeichnet sich das Tätigkeitsfeld *Stationäre Hilfen in spezifischen Lebenssituationen* durch verschiedene Zielgruppen adressierende stationäre Angebotssettings aus:

- Das Angebot *gemeinsamer Wohnformen für Mütter/Väter und Kinder* (§ 19 SGB VIII) (im Fachjargon ‚Vater- bzw. Mutter-Kind-Einrichtung') richtet sich an Eltern, denen eine selbstständige Lebensführung und Alltagsbewältigung mit ihrem Kind bzw. ihren Kindern abgesprochen wird. Mehrheitlich wird das Angebot von alleinerziehenden und sehr jungen, oftmals noch minderjährigen Müttern wahrgenommen. Eine Inanspruchnahme des Angebotes erfolgt üblicherweise als Ergebnis von Hilfeplanung nach § 36 SGB VIII, häufig wird sie im Zuge dessen auch richterlich angeordnet. Die Verfahrensstrukturen des Angebotes ähneln somit eher denen im Arbeitsfeld Hilfen zur Erziehung (siehe hierzu vertiefend das Unterkapitel 5.5) als denen im vorliegend beschriebenen Arbeitsfeld (vgl. Winkelmann, 2014, S. 72). Auch wenn das Angebot langfristig auf den Aufbau elterlicher Erziehungskompetenz sowie die Verselbstständigung des Elternteils abzielt, beansprucht die Hilfeform für sich, nicht nur das Elternteil, sondern auch das Kind und nicht zuletzt die Beziehungsdyade zwischen Elternteil und Kind zu adressieren (vgl. ebd., S. 71 ff.).

- Bei der *Betreuung und Versorgung des Kindes in Notsituationen* (§ 20 SGB VIII) geht es wiederum um eine Akuthilfe, „die den vollständigen oder partiellen Ausfall der haushaltsführenden Person" (Zerfass, 2014, S. 80), etwa aufgrund von Krankheit, bezogen auf die familialen Versorgungs- und Betreuungsleistungen kompensiert. Das Angebot reagiert damit im Besonderen auch auf die Betreuungs- und Versorgungsbedarfe von Kindern psychisch- und suchtkranker Eltern (vgl. Walhalla Fachredaktion, 2021, S. 71 f.). Eltern haben auf diese Akuthilfe Anspruch, wenn „1. ein Elternteil, der für die Betreuung des Kindes überwiegend verantwortlich ist, aus gesundheitlichen oder anderen zwingenden Gründen ausfällt, 2. das Wohl des Kindes nicht anderweitig, insbesondere durch Übernahme der Betreuung durch den anderen Elternteil, gewährleistet werden kann, 3. der familiäre Lebensraum für das Kind erhalten bleiben soll und 4. Angebote der Förderung des Kindes in Tageseinrichtungen oder in Kindertagespflege nicht ausreichen" (§ 20 Abs. 1 SGB VIII). Mit diesen Bestimmungen wird deutlich, dass die Zuordnung in das stationäre Tätigkeitsfeld insofern irreführend ist, als die kompensatorische Akuthilfe nach Möglichkeit eben nicht in einer stationären Einrichtung als Alternative zum Lebensort der Herkunftsfamilie, sondern bestenfalls an eben diesem Lebensort selbst zu vollbringen ist – nämlich in Form einer ‚Rund-um-die-Uhr'-Betreuung als Geh-Struktur (siehe hierzu vertiefend den Hinweis in Unterkapitel 5.2).
- Schließlich lassen sich diesem Tätigkeitsfeld noch *Angebote zur Unterstützung bei notwendiger Unterbringung zur Erfüllung der Schulpflicht* (§ 21 SGB VIII) zuordnen, welche auf den Umstand reagieren, dass für schulpflichtige Kinder infolge einer mit häufigen Ortswechseln einhergehenden elterlichen Berufstätigkeit (z. B. bei Binnenschiffer*innen oder Schausteller*innen) (zeitweise) eine Unterbringungsform abseits des Elternhauses organisiert und zur Verfügung gestellt werden muss (vgl. Buschhorn, 2018, S. 795).

5.3.4 Tätigkeitsfeld Frühe Hilfen

Die sich bis hierhin dokumentierende Vielfalt und Komplexität des Arbeitsfeldes *Förderung der Erziehung in der Familie* hat sich mit der Implementierung des Tätigkeitsfeldes der Frühen Hilfen noch einmal gesteigert. Das Tätigkeitsfeld stellt eine fachlich-multiprofessionelle und 2012 durch das Bundeskinderschutzgesetz (BKiSchG) abgesicherte Ergänzung und Verschränkung weiterer Hilfeformen und Angebote zur Verfügung. Mit der hiermit verbundenen Intensivierung von Hilfeformen im Kontext des Kinderschutzes reagiert der Gesetzgeber auf den medial wie fachpolitisch geführten Diskurs zur Abwehr von schwerwiegenden Kindeswohlgefährdungen, nachdem zu Beginn des Jahrtausends einige dramatische Fälle von Kindeswohlgefährdung mit Todesfolge öffentlich bekannt wurden (siehe hierzu das Unterkapitel 2.8).

Definition 5.4: Frühe Hilfen

„Die Frühen Hilfen bilden lokale und regionale Unterstützungssysteme mit koordinierten Hilfsangeboten für Eltern und Kinder ab Beginn der Schwangerschaft und in den ersten Lebensjahren mit einem Schwerpunkt auf die Altersgruppe der 0- bis 3-jährigen [sic]. Sie zielen darauf ab, Entwicklungsmöglichkeiten von Kindern und Eltern in Familie und Gesellschaft frühzeitig und nachhaltig zu verbessern. Neben alltagspraktischer Unterstützung wollen Frühe Hilfen insbesondere einen Beitrag zur Förderung der Beziehungs- und Erziehungskompetenz von (werdenden) Müttern und Vätern leisten. Damit tragen sie maßgeblich zum gesunden Aufwachsen von Kindern bei und sichern deren Rechte auf Schutz, Förderung und Teilhabe“ (Biesel & Urban-Stahl, 2018, S. 295 f.).

So, wie die Aufgaben der Kinder- und Jugendhilfe insgesamt von Kommune zu Kommune unterschiedlich organisiert und ausgestaltet werden, finden sich auch die Frühen Hilfen jeweils in unterschiedlichen Trägerstrukturen, Aufgabenzuschnitten und Angebotsformaten als Teil der jeweiligen lokalen Hilfelandschaft realisiert. Die Frühen Hilfen operieren dabei an der Schnittstelle von Kinder- und Jugendhilfe und Gesundheitswesen als multiprofessionelles Netzwerk mit vielfältigen Informations-, Beratungs- und Hilfsangeboten, welche in der Regel ambulant angeboten werden.

Zu den Angebotsformen der Frühen Hilfen zählen neben der Vernetzungsarbeit der unterschiedlichen Dienste und Einrichtungen (vgl. Biesel & Urban-Stahl, 2018, S. 307 ff.):

- *Willkommensbesuche für Neugeborene:* Mit dem Willkommensbesuch soll ein erster niedrigschwelliger Kontakt zur lokalen Hilfelandschaft hergestellt werden. Es geht darum, über bestehende Angebote zu informieren und ggf. über Gutscheingeschenke zur Nutzung kommunaler Einrichtungen zu motivieren. In ambivalenter Weise sind mit dem Willkommensbesuch sehr private Einblicke in das Beziehungs-, Erziehungs- und Versorgungsumfeld der Neugeborenen verbunden. Mancherorts findet eine entsprechende Benachrichtigung des zuständigen Jugendamtes statt, wenn sich Familien dem Besuch verweigern. Im Fachdiskurs wird daher kritisch diskutiert, inwiefern diese Form des Willkommenheißens gleichzeitig in eine Praxis überleitet, die das Sicherstellen des Kindeswohls in den Familien präventiv kontrolliert und somit quasi von Beginn an die familiale Lebenswelt in sozialpädagogischer Absicht kolonialisiert (siehe hierzu die Definition 5.2 in Abschnitt 5.1.3).
- *Familienzentren:* Mit der Erweiterung von Kindertageseinrichtungen zu Familienzentren werden dort vermehrt nun auch Erziehungstrainings, themenspezifische Informationsabende, Elternberatung und ähnliche, primär die Eltern adressierende Angebote vorgehalten. Außerdem fungieren die Familienzentren als ein niedrigschwelliger Knotenpunkt im sozialräumlichen Hilfenetzwerk des jeweiligen Stadtteils. Über Angebote der Familienbildung sowie Elternkurse und -trainings wird hier inhaltlich direkt an das Tätigkeitsfeld Förderung der elterlichen Erziehungs- und Beziehungskompetenz angeschlossen (siehe hierzu den Abschnitt 5.3.1), während strukturell-organisational eine kooperative Anbindung an das Tätigkeitsfeld Kindertageseinrichtungen erfolgt (siehe hierzu den Abschnitt 5.4.2).

- *Früherkennungsuntersuchungen:* Die Früherkennungsuntersuchungen für Kinder zielen darauf ab, emotional-soziale, kognitive und motorische Fehlentwicklungen frühzeitig zu erkennen und entsprechende Behandlungen und Therapiemaßnahmen einzuleiten (z.B. die Teilnahme an Frühförderung oder Ergotherapie). Diese Form der Untersuchungen, die in bestimmten Zeitintervallen von den Kinderärzt*innen vorgenommen werden, hat es auch vor der Implementierung der Frühen Hilfen schon gegeben (ähnlich den Kindertageseinrichtungen vor ihrer Aufwertung und Erweiterung zu Familienzentren). Neu sind hingegen die Kontrollverfahren, mit denen die Bundesländer in verschiedener Weise sicherzustellen versuchen, dass diese sogenannten U-Untersuchungen von allen Eltern wahrgenommen werden. Über die Implementierung eines entsprechenden Dokumentationswesens ist es den jeweils zuständigen Kinderärzt*innen möglich, einzelne Eltern auf das Versäumen einer U-Untersuchung hinzuweisen und gegebenenfalls das Jugend- bzw. das Gesundheitsamt über das Versäumnis zu informieren. Mancherorts wird eine solche Meldung bei der Weiterverarbeitung als Anhaltspunkt für eine etwaige Kindeswohlgefährdung gedeutet, dem dann aufseiten des Jugendamts entsprechend nachgegangen wird. Den empirischen Fallzahlen zufolge, konnten über die Maßnahme der obligatorischen Früherkennungsuntersuchungen allerdings bislang nur wenige Fälle von Kindeswohlgefährdung identifiziert werden, sodass die Wirksamkeit dieser Maßnahmen kritisch im Fachdiskurs diskutiert wird.
- *Inanspruchnahme von Familienhebammen:* Zusätzlich zu den Aufgaben der Geburtsvorbereitung, Geburtsbegleitung, Wochenbettbetreuung und Stillberatung nehmen Familienhebammen vorrangig eine psychosoziale Beratung und Betreuung (werdender) Eltern in den Blick. Insgesamt zielt der Einsatz der Familienhebammen auch auf die Gesundheitsförderung in der Familie und die Stärkung der elterlichen Beziehungs- und Erziehungskompetenz ab.

Die vielfältigen Angebote der Frühen Hilfen stehen exemplarisch für eine effektive, in erster Linie an Themen und Inhalten orientierte Hilfestruktur, welche träger- und einrichtungsübergreifend sowie multiprofessionell und interdisziplinär aufgestellt ist. Statt Zuständigkeiten und Aufgaben an den einzelnen Diensten und Einrichtungen festzumachen, konzentrieren sich die Frühen Hilfen auf die konkreten Bedarfe, die in diesem Themenfeld virulent werden. Hierbei wird auf das Gebot der vernetzten Zusammenarbeit gesetzt mit dem Ziel, hierüber Synergieeffekte zu erzielen. Außerdem sind die Angebote der Frühen Hilfen gekennzeichnet von den Geboten der Niedrigschwelligkeit und der dezentralen Organisation in den jeweiligen Stadtteilen.

5.3.5 Die Funktion von Förderung der Erziehung in der Familie und Frühe Hilfen

Die vielzähligen, unterschiedlich konturierten Angebote und Maßnahmen, die im vorliegenden Arbeitsfeld versammelt sind, verweisen bei aller Heterogenität grundsätzlich auf die durchaus kritisch zu betrachtende Funktion der Förderung elterlicher Erziehungs- und Beziehungskompetenz (siehe vertiefend hierzu den Abschnitt 5.3.1). Familienbildungskurse, Elterntrainings, Familienerholung, Beratungssettings für konkrete Belastungssituationen, Frühe Hilfen sowie stationäre Hilfen in spezifischen Lebenssituationen der Familie heben allesamt die Bedeutung des Bildungs- und Erziehungsortes Familie sowie die damit einhergehenden Aufgaben und Verantwortlichkeiten heutiger Eltern hervor. Das Arbeitsfeld spiegelt damit in besonderen Maße aktuelle Diskurse wider, die eine neue Aufmerksamkeit auf Eltern projizieren und hierbei insbesondere das Praktizieren ‚guter Elternschaft' in den Blickpunkt rücken (vgl. Kutscher & Richter, 2011; Fegter, Heite, Mierendorff & Richter, 2015; Sektion Sozialpädagogik und Pädagogik der frühen Kindheit, 2021). Weitere relevante diskursive Rahmungen dieses Arbeitsfeldes lassen sich ebenso in der Relationierung von Eltern- und Kinderrechten verorten, wie in Fragen, die das Wohl des Kindes bzw. mögliche Gefährdungen des Kindeswohls adressieren oder in besonderer Weise auf die Individualisierung und Pluralisierung von Lebenslagen sowie auf besondere Benachteiligungen des Aufwachsens Bezug nehmen (siehe hierzu die jeweiligen Unterkapitel im Kapitel 2). Bedeutsam scheint hierbei vor allem, dass dem Leitgedanken des Kinderschutzes – anders als dies überwiegend im Arbeitsfeld der Hilfen zur Erziehung geschieht (siehe hierzu das Unterkapitel 5.5) – nicht primär über eine direkte erzieherische Unterstützung und Begleitung der Heranwachsenden selbst gefolgt wird. Vielmehr zeichnet sich das vorliegende Arbeitsfeld mit seinen heterogenen Tätigkeitsfeldern dadurch aus, dass sich Kinderschutz entweder über eine Förderung elterlicher Erziehungskompetenz im engeren Sinne oder aber zumindest über eine Förderung der Erziehung in der Familie im weiteren Sinne verwirklichen soll.

5.4 Viertes Arbeitsfeld: Frühkindliche Bildung, Betreuung und Erziehung

Von den formalrechtlichen Begrifflichkeiten des SGB VIII ausgehend betrachtet, wäre es korrekt, das Arbeitsfeld zunächst als *Förderung von Kindern in Tageseinrichtungen und in Kindertagespflege* (Dritter Abschnitt SGB VIII) zu bezeichnen. Zugleich ist mit dieser Bezeichnung jedoch ein begrifflicher Reformbedarf verbunden, dem wir mit unserer Überschrift *„Frühkindliche Bildung, Betreuung und Erziehung"* Rechnung tragen möchten und nachfolgend weiter erläutern.

Seit Beginn des neuen Jahrtausends steht das Arbeitsfeld der Kindertagesbetreuung vermehrt im Blickfeld bildungs-, sozial- und familienpolitischer Vorhaben und Interessen. Diesbezüglich kommentiert der 14. Kinder- und Jugendbericht 2013, dass „die kinderpolitischen Initiativen der Bundesregierung in den letzten 20 Jahren nach einem langen Stillstand in der alten Bundesrepublik von einer teilweise ungewöhnlichen Entschlusskraft mit Blick auf den Ausbau der Kindertagesbetreuung zu einem flächendeckenden frühkindlichen System der Bildung, Betreuung und Erziehung geprägt" sind (BMFSFJ, 2013, S. 307). Die erhöhte gesellschaftliche und politische Aufmerksamkeit für das Aufwachsen junger Kinder führte zu einem quantitativen Ausbau sowie zu einer qualitativen Neuausrichtung des Feldes (vgl. Farrenberg, 2018, S. 15 f.):

- Zum einen wurde die *Bildungsbedeutung* im Kontext frühkindlicher Betreuung und Erziehung ‚wiederentdeckt'. Dies zog eine kritische Diskussion über die Qualität deutscher Kindertageseinrichtungen ebenso nach sich wie eine Professionalisierungs- und Akademisierungswelle der dort beschäftigten Fachkräfte.

- Zum anderen wurde auf einen massiven *Betreuungsnotstand* aufmerksam gemacht, sodass sich die Forderung nach einer besseren Qualität der Kinderbetreuung in die nach einer höheren Quantität der Betreuungsplätze wandelte. Infolge der zunehmenden Berufstätigkeit beider Elternteile hat sich dabei nicht einfach nur der Bedarf an Kinderbetreuung erhöht. Vielmehr haben die ansteigenden, zeitlich umfassenderen Betreuungsbedarfe auch dazu beigetragen, dass sich der gesellschaftliche Stellenwert bzw. die gesellschaftliche Verantwortung des Arbeitsfeldes in den letzten 20 Jahren weiter erhöht hat.

Der bislang lediglich für mindestens dreijährige Kinder geltende Anspruch auf einen Betreuungsplatz ist im Zuge mehrerer Gesetzesneuerungen des Kinder- und Jugendhilferechts ausgeweitet worden. Seit August 2013 gilt nun für jedes Kind, welches das erste Lebensjahr vollendet hat, ein Rechtsanspruch auf institutionelle Betreuung in einer Kindertageseinrichtung bzw. bei einer Kindertagespflegeperson (vgl. BMFSFJ, 2013, S. 261). Dennoch ist der Ausbau an Betreuungsplätzen für Kinder vielerorts – angesprochen sind hierbei insbesondere Großstädte und weitere stark besiedelte Regionen – nach wie vor nicht in zufriedenstellender Weise bewältigt.

Das vorliegend als *Frühkindliche Bildung, Betreuung und Erziehung* (FBBE) konturierte Arbeitsfeld hat sich erst in der Folge der hier skizzierten Neuausrichtung von einer vornehmlich auf Betreuung ausgerichteten „öffentlichen Kleinkindererziehung" (Sauerbrey, 2018) hin zu einem quantitativ umfassenderen und qualitativ hochwertigeren, stärker an Bildungsprozessen orientierten System entwickelt. Die Feldbezeichnung FBBE schließt dabei an die gegenwärtigen, interdisziplinär geführten, fachwissenschaftlichen Debatten an. Weiterhin stellt sie eine Übersetzung der international gebräuchlichen Bezeichnung des Feldes dar: *Early Childhood Education and Care (ECEC)*. Zusammengenommen reflektiert sie die aktuellen dynamischen Transformationen und Neuausrichtungen des Arbeitsfeldes. Jene werden zudem auch in den disziplin- wie professionspolitischen Bestrebungen deutlich, das Arbeitsfeld, abseits seiner organisationalen und rechtlich kodifizierten Struktur als Teil der Kinder- und Jugendhilfe, als Kern eines umfänglicheren Forschungs-, Praxis- und Professionsfeldes (vgl.

Cloos, 2020, S. 159) zu etablieren, welches begrifflich als Pädagogik der Kindheit bzw. Kindheitspädagogik gefasst wird (vgl. Farrenberg & Schulz, i. E.; Farrenberg, i. E.).

Innerhalb des Arbeitsfeldes FBBE lassen sich gegenwärtig insbesondere zwei Tätigkeitsfelder voneinander abgrenzen: die *Kindertageseinrichtungen* und die *Kindertagespflege* (Abb. 5.4). Bezogen auf die Angebotsstruktur lassen sich diese beiden Tätigkeitsfelder mit ihren täglich etliche Stunden umfassenden Verweildauern für Kinder am ehesten als teilstationär beschreiben.

Abb. 5.4: Strukturierung des Arbeitsfeldes Frühkindliche Bildung, Betreuung und Erziehung und seiner Tätigkeitsfelder

5.4.1 Tätigkeitsfeld Kindertagespflege

Das Tätigkeitsfeld der *Kindertagespflege* hat in jüngster Zeit stark an Bedeutung gewonnen. Kindertagespflege gilt als eine oftmals einfacher zu realisierende Alternative zum (Aus-)Bau von Kindertageseinrichtungen, wenn es darum geht, dem Rechtsanspruch auf Betreuung vor Ort gerecht zu werden. Die wachsende Bedeutung der Kindertagespflege lässt sich entsprechend auch an der Entwicklung der Betreuungsquoten ablesen. Laut den Daten des Statistischen Bundesamtes (2020a) hat sich die Anzahl der im vorliegenden Arbeitsfeld insgesamt betreuten Kinder von 3 149 610 im Jahr 2009 auf 3 926 410 im Jahr 2020 um ca. 25 % erhöht. Mit Blick auf die beiden Tätigkeitsfelder im Detail lässt sich jedoch für diesen Zeitraum ein Anstieg um ca. 76 % bei der Kindertagespflege (von 98 694 auf 173 988 betreute Kinder) einem Anstieg von nur ca. 23 % in den Kindertageseinrichtungen gegenüberstellen (von 3 050 916 auf 3 752 422 betreute Kinder). Auch wenn in der Gesamtbetrachtung damit derzeit nur ca. 4 % aller 2020 betreuten Kinder in der Kindertagespflege betreut werden, kann der Zuwachs an Plätzen innerhalb dieses Tätigkeitsfeldes als rapid beschrieben werden.

5.4.2 Tätigkeitsfeld Kindertageseinrichtungen

Mit Blick auf die Beschäftigtenzahlen von 2020 dokumentiert das Statistische Bundesamt für das Tätigkeitsfeld der *Kindertageseinrichtungen* insgesamt 682 942 Beschäftigte, wovon 19 548 Fachkräfte Sozialarbeiter*innen/Sozialpädagog*innen sind (vgl. Statistisches Bundesamt, 2020a, S. 37). Doch auch wenn das Personal seit längerer Zeit multiprofessionell von Kindheits- bzw. Frühpädagog*innen, Erzieher*innen, Diplom-Erziehungs-wissenschaftler*innen, Sozialassistent*innen usf. gestellt wird, gehört die Kindertagesbetreuung historisch betrachtet zu den ersten sozialpädagogisch gerahmten Arbeits- bzw. Tätigkeitsfeldern.

Als Vorläufer der heutigen Kindertageseinrichtung lassen sich die mehrheitlich von den Kirchen initiierten Spiel- und Warteschulen, Kleinkinderschulen und Kleinkinderbewahranstalten, die in erster Linie fürsorgerisch für erwerbstätige Eltern in prekären Lebenslagen eingerichtet wurden, ebenso benennen, wie die primär von neuhumanistischen Bildungsgedanken geprägten Kindergärten Friedrich Fröbels. Interessanterweise finden sich in diesen beiden Herkunftssträngen die differenten Motivlagen Fürsorge/Betreuung vs. Bildung, welche auch den heutigen Diskurs über die Ausgestaltung der Kleinkindererziehung bestimmen, bereits mitangelegt (vgl. Großkopf, 2014, S. 35). Bei aller inhaltlichen Differenz geht es in beiden Fällen um familienergänzende Leistungen, die außerhalb der Familie erfüllt werden.

5.4.3 Die Funktion von frühkindlicher Bildung, Betreuung und Erziehung

Die beiden Motivlagen spiegeln sich auch in den rechtlichen Bestimmungen des Arbeitsfeldes wider. So beispielsweise in den ersten drei Absätzen des § 22 SGB VIII, in denen der Förderungsauftrag für Kinder in Tagesbetreuung und Tagespflege zusammengefasst wird:

§ 22 Grundsätze der Förderung

„(1) Tageseinrichtungen sind Einrichtungen, in denen sich Kinder für einen Teil des Tages oder ganztägig aufhalten und in Gruppen gefördert werden. Kindertagespflege wird von einer geeigneten Kindertagespflegeperson in ihrem Haushalt, im Haushalt des Erziehungsberechtigten oder in anderen geeigneten Räumen geleistet. Nutzen mehrere Kindertagespflegepersonen Räumlichkeiten gemeinsam, ist die vertragliche und pädagogische Zuordnung jedes einzelnen Kindes zu einer bestimmten Kindertagespflegeperson zu gewährleisten. Eine gegenseitige kurzzeitige Vertretung der Kindertagespflegepersonen aus einem gewichtigen Grund steht dem nicht entgegen. Das Nähere über die Abgrenzung von Tageseinrichtungen und Kindertagespflege regelt das Landesrecht.

(2) Tageseinrichtungen für Kinder und Kindertagespflege sollen

1. die Entwicklung des Kindes zu einer selbstbestimmten, eigenverantwortlichen und gemeinschaftsfähigen Persönlichkeit fördern,
2. die Erziehung und Bildung in der Familie unterstützen und ergänzen,
3. den Eltern dabei helfen, Erwerbstätigkeit, Kindererziehung und familiäre Pflege besser miteinander vereinbaren zu können.

Hierzu sollen sie die Erziehungsberechtigten einbeziehen und mit dem Träger der öffentlichen Jugendhilfe und anderen Personen, Diensten oder Einrichtungen, die bei der Leistungserbringung für das Kind tätig werden, zusammenarbeiten. Sofern Kinder mit und ohne Behinderung gemeinsam gefördert werden, arbeiten die Tageseinrichtungen für Kinder und Kindertagespflege und der Träger der öffentlichen Jugendhilfe mit anderen beteiligten Rehabilitationsträgern zusammen.

(3) Der Förderungsauftrag umfasst Erziehung, Bildung und Be-

> treuung des Kindes und bezieht sich auf die soziale, emotionale, körperliche und geistige Entwicklung des Kindes. Er schließt die Vermittlung orientierender Werte und Regeln ein. Die Förderung soll sich am Alter und Entwicklungsstand, den sprachlichen und sonstigen Fähigkeiten, der Lebenssituation sowie den Interessen und Bedürfnissen des einzelnen Kindes orientieren und seine ethnische Herkunft berücksichtigen."

Als aktuelle Aufgabe lassen sich demnach sowohl die Förderung von individuellen Bildungs-, Entwicklungs- und Lernprozessen des Kindes (Bildungsprimat) als auch eine zeitlich umfassende und auf die individuellen Bedarfe der Eltern zugeschnittene Betreuung ableiten (Betreuungsprimat). Alle derzeit relevanten kindheitspädagogischen Konzepte rücken die Individualität der kindlichen Lernprozesse in den Mittelpunkt, welche in der pädagogischen Interaktion begleitet werden sollen. Damit schließen sie einerseits an ein subjektorientiertes, auf Selbstbildung hin ausgerichtetes Bildungsverständnis an, wie es für die Soziale Arbeit insgesamt kennzeichnend ist. Andererseits wird mit einer Orientierung an diverse, inhaltlich unterscheidbare Bildungsbereiche ebenso an (grund-)schuldidaktische Konzepte angeschlossen, die die Organisation von Bildung in Form von Curricula mit der Flexibilisierung und Individualisierung von Unterricht verbinden (vgl. vertiefend hierzu Olk & Hübenthal, 2011; Sting, 2013).

Mit der Förderung von individuellen Bildungs-, Entwicklungs- und Lernprozessen des Kindes und der Abdeckung der Betreuungsbedarfe liegen Kindertageseinrichtungen faktisch „im Schnittfeld multipler gesellschaftlicher Interessen" (Honig, 2010, S. 93). In der Praxis bedeutet dies, dass es kaum möglich ist, den Anforderungen, die aus dem Bildungsauftrag wie dem Betreuungsauftrag resultieren, gleichermaßen zu entsprechen.

5.5 Fünftes Arbeitsfeld: Hilfen zur Erziehung

Das Arbeitsfeld *Hilfen zur Erziehung* (HzE, auch: erzieherische Hilfen) differenziert sich in einer Vielzahl unterschiedlich konturierter Angebote und Maßnahmen aus, welche das Feld als voneinander abgrenzbare Tätigkeitsfelder strukturieren (Abb. 5.5).

Abb. 5.5: Strukturierung des Arbeitsfeldes Hilfen zur Erziehung und seiner Tätigkeitsfelder

Rechtlich verankert sind die Angebote der erzieherischen Hilfen in den §§ 27–35 des SGB VIII. Einen Anspruch auf HzE haben demnach die Personensorgeberechtigten dann, „wenn eine dem Wohl des Kindes oder des Jugendlichen entsprechende Erziehung nicht gewährleistet ist und die Hilfe für seine Entwicklung geeignet und notwendig ist“ (§ 27 SGB VIII). Eindeutiger als in anderen Arbeitsfeldern der Kinder- und Jugendhilfe werden hier erstens explizit die Personensorgeberechtigten – und nicht die Heranwachsenden selbst – als Anspruchsberechtigte adressiert. Zweitens steht jenen das Leistungsspektrum in Form eines individuellen Rechtsanspruches zur Verfügung (vgl. Albus, 2012, S. 477).

„Notwendig wird damit eine professionelle Diagnose für jeden Einzelfall, inwiefern eine erzieherische Mangelsituation vorliegt und welche Erziehungshilfe diesen Mangel am besten zu beheben verspricht. Aufgrund der Komplexität von pädagogischen Beziehungen und den daraus entstehenden Problemen sowie angesichts der heterogenen Lebenssituationen der Betroffenen wird den diagnostizierenden sozialpädagogischen Fachkräften traditionell ein professioneller Ermessensspielraum im Hinblick auf den Modus der Diagnose und der resultierenden Handlungsempfehlungen zugestanden" (ebd.).

In Hilfeplanverfahren/-gesprächen (HPGs) handeln die jeweiligen fallverantwortlichen Mitarbeiter*innen des zuständigen Jugendamtes partizipativ mit den Heranwachsenden und ihren Personensorgeberechtigten sowie mit den für die jeweilige Leistungserbringung verantwortlichen Fachkräften aus, welche erzieherische Hilfe in welchen Modalitäten eingesetzt bzw. fortgeführt, angepasst oder beendet werden soll (vgl. Merchel, 2019).

Das Leistungsspektrum der HzE umfasst ambulante, teilstationäre und stationäre Angebote. Diese gängige Unterscheidung verweist darauf, wo der Lebensmittelpunkt der jungen Menschen während der Hilfeform liegt:

- *Lebensmittelpunkt in den Familien:* Bei den ambulanten Hilfen von der *Erziehungsberatung* bis zur *Sozialpädagogischen Familienhilfe* (§§ 28–31 SGB VIII) sowie in der teilstationären Hilfe *Erziehung in einer Tagesgruppe* (§ 32 SGB VIII) liegt der Lebensmittelpunkt in den Familien (siehe hierzu die Abschnitte 5.5.1 und 5.5.2).

- *Lebensmittelpunkt außerhalb der Familien:* Der Lebensmittelpunkt bei den stationären Hilfen *Vollzeitpflege*, *Heimerziehung* und *Intensive sozialpädagogische Einzelbetreuung* (§§ 33–35 SGB VIII) verschiebt sich hin zu einem anderen Ort, an welchem die jungen Menschen nahezu ihren kompletten Alltag verbringen (siehe hierzu den Abschnitt 5.5.3).

Entlang dieser Binnendifferenzierung lassen sich die unterschiedlich konturierten Angebote und Maßnahmen der HzE in verschiedene Tätigkeitsfelder ordnen.

5.5.1 Tätigkeitsfelder ambulanter erzieherischer Hilfen

Als ein erstes, besonders niedrigschwelliges ambulantes Angebot lässt sich das Tätigkeitsfeld der *Erziehungsberatung* (§ 28 SGB VIII) beschreiben. Beratungsstellen unterschiedlicher Trägerschaft bieten mit der Komm-Struktur der Erziehungsberatung eine unverbindlich aufzusuchende Erziehungshilfe an. Anders als bei allen anderen erzieherischen Hilfen steht der Zugang zur Erziehungsberatung jungen Menschen und ihren Familien grundsätzlich frei zur Verfügung, ohne, dass das zuständige Jugendamt diese Hilfeform jeweils erst bewilligen muss (vgl. Nitsch, 2014, S. 92f.). Im Jahr 2019 wurden 317 550 Beratungen durchgeführt (vgl. Statistisches Bundesamt, 2020c, S. 26), die sich über einen Zeitraum von durchschnittlich fünf Monaten erstreckten (vgl. ebd., S. 54). Die Spannbreite reicht jedoch „von einem einmaligen klärenden Gespräch bis zu einer Begleitung von Familien und jungen Menschen über mehrere Jahre hinweg. Die Form der Intervention reicht von der Beratung im vertraulichen Beratungssetting bis zur Hilfe in komplexen Lebenssituationen unter Einbeziehung zahlreicher anderer Akteure aus Behörden und Institutionen" (Nitsch, 2014, S. 93). Gleichzeitig handelt es sich bei der Erziehungsberatung – Stand 2019 mit 46,9 % aller Erziehungshilfen insgesamt und 476 855 Fällen – um die mit Abstand am häufigsten in Anspruch genommene Erziehungshilfe (Statistisches Bundesamt, 2020c).

Ein zweites ambulantes, in Zahlen betrachtet jedoch weitaus weniger bedeutsames Tätigkeitsfeld der erzieherischen Hilfen stellt die ebenfalls niedrigschwellige *Soziale Gruppenarbeit* dar (§ 29 SGB

VIII). Für das Jahr 2019 lassen sich zur Sozialen Gruppenarbeit lediglich 17 198 Fälle zuordnen, was nur 1,7 % der Erziehungshilfen insgesamt entspricht (vgl. Statistisches Bundesamt, 2020c). Indem gruppenpädagogisch auf ein soziales Lernen in der Gleichaltrigengruppe fokussiert wird, versucht das Angebot der Sozialen Gruppenarbeit „bei der Überwindung von Entwicklungsschwierigkeiten und Verhaltensproblemen“ (§ 29 SGB VIII) zu helfen. Es ist hierbei sowohl von einer freiwilligen Inanspruchnahme durch die Heranwachsenden gekennzeichnet, als auch abhängig von einer Bewilligung und fallzuständigen Begleitung durch das jeweilige Jugendamt (vgl. Pluto & van Santen, 2014) – dies gilt für sämtliche der im Folgenden dargestellten erzieherischen Hilfen.

Komplettiert werden die ambulanten Tätigkeitsfelder der erzieherischen Hilfen durch die *Erziehungsbeistandschaft* (§ 30 SGB VIII) und die *Sozialpädagogische Familienhilfe* (SPFH) (§ 31 SGB VIII). Lassen sich für die Inanspruchnahme der Erziehungsbeistandschaft für das Jahr 2019 71 433 Fälle dokumentieren, was 7 % des Gesamtvolumens der erzieherischen Hilfen entspricht, so wurden im selben Jahr für die Inanspruchnahme der SPFH 132 764 Fälle registriert, was bezogen auf das Gesamtvolumen der HzE einen Anteil von 13,1 % bedeutet (vgl. Statistisches Bundesamt, 2020c). Anders als die ambulanten Tätigkeitsfelder der Erziehungsberatung und der Sozialen Gruppenarbeit sind die SPFH und Erziehungsbeistandschaft durch eine die Adressat*innen in ihrer Lebenswelt begleitenden Geh-Struktur gekennzeichnet. Während die *Sozialpädagogische Familienhilfe*, wie sie auch im einleitenden Fallbeispiel Familie Palm/Müller beschrieben wird, die Familie aufsucht, um dann vor Ort gemeinsam mit den Familien als erzieherische Hilfe tätig zu sein (vgl. Fröhlich-Gildhoff, 2014), werden den Heranwachsenden bei der Erziehungsbeistandschaft sie begleitende Betreuungshelfer*innen zur Seite gestellt, um beziehungs- und dialogorientiert zu einer selbstständigen und verantwortungsvollen Lebensführung zu kommen (vgl. Kaiser, 2014).

In der inhaltlichen Varianz dieser beiden Tätigkeitsfelder dokumentieren sich demnach unterschiedliche Schwerpunkte und Verhältnissetzungen: So erlaubt die Gesetzeslage im Kontext der Erziehungsbeistandschaft, junge Menschen qua Anweisungen des Jugendgerichtes notfalls auch ohne Einwilligung dieser und ihrer Personensorgeberechtigten unter die Aufsicht von Betreuungshelfer*innen zu stellen (vgl. ebd., S. 104 f.). Im Gegensatz hierzu bezieht die SPFH die Personensorgeberechtigten als primäre Erziehungsinstanz explizit mit in die Hilfeerbringung mit ein, indem sie die Erziehungsaufgabe in der Familie und die Bewältigung des familialen Alltags unterstützt (§ 31 SGB VIII). In beiden Tätigkeitsfeldern, deren Entstehung sich auf das Jahr 1969 (SPFH) oder sogar – wenn auch in anderen Begrifflichkeiten – auf eine Verankerung im Reichsjugendwohlfahrtsgesetz (RJWG) von 1923 (Erziehungsbeistandschaft) zurückdatieren lassen (vgl. Richter, 2013, S. 27; Kaiser, 2014, S. 103 f.), wird zudem exemplarisch deutlich, wie stark die der Jugendwohlfahrt entstammende Eingriffsorientierung die Handlungslogiken der heutigen Kinder- und Jugendhilfe noch mit strukturiert. Auch wenn insbesondere der Zuschnitt der Sozialpädagogischen Familienhilfe konzeptionell auf lebenswelt- und aushandlungsorientierte Hilfeformen ausgerichtet ist (vgl. Richter 2013, S. 36 f.), kann dieser Anspruch in der Praxis strukturell oftmals nicht eingelöst werden (vgl. Richter, 2013; 2018, S. 836). Der Kinderschutzauftrag, das Mandat der Kontrolle und die unhintergehbaren Machtasymmetrien zwischen Fachkräften und Adressat*innen einerseits sowie die Ausrichtung am Prinzip der Partizipation, an Lebenswelt und Eigensinn der Adressat*innen andererseits spannen die Hilfen zur Erziehung insgesamt vielfach in widersprüchliche Konstellationen ein, die zwischen einer Eingriffs- und Aushandlungsorientierung oszillieren (siehe hierzu das Unterkapitel 6.2).

5.5.2 Tätigkeitsfeld Erziehung in einer Tagesgruppe – eine teilstationäre erzieherische Hilfe

Innerhalb des Arbeitsfeldes der erzieherischen Hilfen lässt sich mit dem Tätigkeitsfeld *Erziehung in einer Tagesgruppe* (§ 32 SGB VIII) lediglich ein teilstationäres Hilfeangebot ausmachen (vgl. Geisler, 2014). Für das Jahr 2019 sind für dieses Tätigkeitsfeld 24 187 Fälle dokumentiert, was nicht mehr als 2,4 % des Gesamtvolumens der HzE entspricht (vgl. Statistisches Bundesamt, 2020c). Auch für die

Erziehung in einer Tagesgruppe finden sich Zielsetzung und Form im KJHG dokumentiert:

> **§ 32 Erziehung in einer Tagesgruppe**
> „Hilfe zur Erziehung in einer Tagesgruppe soll die Entwicklung des Kindes oder des Jugendlichen durch soziales Lernen in der Gruppe, Begleitung der schulischen Förderung und Elternarbeit unterstützen und dadurch den Verbleib des Kindes oder des Jugendlichen in seiner Familie sichern. Die Hilfe kann auch in geeigneten Formen der Familienpflege geleistet werden."

So, wie hier die Möglichkeiten des sozialen Lernens in der Gruppe im Vordergrund stehen, rückt die Erziehung in einer Tagesgruppe einerseits inhaltlich in die Nähe der Sozialen Gruppenarbeit. Andererseits weist das teilstationäre Angebot der Erziehung in einer Tagesgruppe, gegenüber dem ambulanten Angebot der Sozialen Gruppenarbeit, welches zumeist in offeneren und unregelmäßigeren Formen strukturiert ist (vgl. Pluto & van Santen, 2014, S. 98 f.), über die prinzipiell angestrebte (werk-)tägliche Teilnahme strukturell eine höhere Verbindlichkeit und Kontinuität auf. Adressiert werden mit dem Angebot der Tagesgruppe überwiegend Heranwachsende, die weder in den Basisinstitutionen Familie und Schule, noch in den sozialpädagogischen Normaleinrichtungen und Normalisierungsangeboten (z. B. Erziehungsberatung oder SPFH) hinreichende Unterstützung finden, sodass eine sozialpädagogische Krisenbearbeitung in Form des vorliegend beschriebenen teilstationären Angebotes erforderlich wird (vgl. Hamburger, 2016, S. 156 ff., siehe hierzu den Abschnitt 4.2.2).

Durchaus paradox fällt mit Blick auf die im KJHG dokumentierte Zielsetzung auf, dass die Erziehung in der Tagesgruppe den Verbleib des Heranwachsenden in der Familie sichern soll, sie dieses Ziel jedoch gerade dadurch erwirken soll, dass sie die jungen Menschen (werk-)täglich außerhalb ihrer Familie, eben in der Tagesgruppe, betreut. Ein ähnliches Paradoxon modulieren auch die im Folgenden dargestellten stationären Tätigkeitsfelder der HzE, indem jene einerseits eine Fremdunterbringung außerhalb der Familie anbieten, um das Wohl des Kindes sicherzustellen, jedoch andererseits immer schon darauf abzielen, die Heranwachsenden, sobald dies vertretbar scheint, wieder in ihre Herkunftsfamilien zurückzuführen.

5.5.3 Tätigkeitsfelder stationärer erzieherischer Hilfen

Als pädagogisch konzipierte und am Kinderschutzauftrag orientierte Fremdunterbringung von Kindern an einem anderen Ort jenseits ihrer Herkunftsfamilie stellen die sogenannten ‚stationären Erziehungshilfen' den stärksten Eingriff in die elterliche Sorge dar. Neben der klassischen, jedoch heute vorwiegend in Wohngruppen organisierten *Heimerziehung* (§ 34 SGB VIII) (vgl. Günder, 2014), finden sich mit den Angeboten der *Vollzeitpflege* (§ 33 SGB VIII) sowie der *Intensiven sozialpädagogischen Einzelbetreuung* (ISE) (§ 35 SGB VIII) zwei weitere stationäre Angebotsformen. Das Angebot der *Vollzeitpflege*, bei dem Unterbringung, Betreuung und Erziehung von Pflegeeltern übernommen werden, richtet sich vorrangig an die Altersgruppe jüngerer Kinder (vgl. Kindler, 2014). Die *Intensive sozialpädagogische Einzelbetreuung* hingegen adressiert über erlebnispädagogische und erfahrungsintensive Aktivitäten, welche oftmals im Ausland stattfinden, sowie über die Bindung an eine pädagogisch tätige Bezugsperson speziell jene Heranwachsenden, die von der stationären Heimerziehung und anderen Hilfeformen nicht mehr erreicht werden (vgl. Klawe, 2014). Im Jahr 2019 wurden für die stationären Tätigkeitsfelder der Heimerziehung 136 114 Fälle (entspricht 13,4 % sämtlicher HzE), der Vollzeitpflege 91 176 Fälle (entspricht 9,0 % sämtlicher HzE) und der ISE 8 485 Fälle (entspricht 0,8 % sämtlicher HzE) registriert (Statistisches Bundesamt, 2020c).

Eine zentrale Herausforderung ist insbesondere durch die aktuelle Aufarbeitung der Geschichte von Kinderheimen und den missbräuchlichen und gewaltförmigen Erfahrungen von Heimkindern im Alltag formuliert worden – bspw. durch die Interessenvertretungen ehemaliger Heimkinder. Berichte dokumentieren insbesondere im Kontext stationärer Hilfen eklatante Menschenrechtsverletzungen und fordern ein Mehr an Partizipations- und Beschwerdemöglichkeiten ein (vgl. exemplarisch Kuhlmann, 2008; Bundschuh, 2010; Kappeler, 2011). Die 2021 mit dem Inkrafttreten des KJSG rechtlich kodifizierte Maßgabe, unabhängige Ombudsstellen auf der Ebene der Bundesländer vorzuhalten (§ 9a SGB VIII), stellt diesbezüglich einen wichtigen Schritt dar. Damit wird ein Ort geschaffen, an dem im Hinblick auf die Leistungserbringung der Kinder- und Jugendhilfe Beschwerden eingebracht sowie Gewalterfahrungen und Konflikte thematisiert werden können. Die aus ethischer wie fachlicher Perspektive als unverzichtbar erachteten Anliegen von Gewaltfreiheit und Teilhabe stellen sich in den alltäglichen Praxisvollzügen stationärer Hilfen jedoch mitunter als herausfordernd dar, so, wie dort einerseits die verschiedenen Interessen und Ansprüche von Adressat*innengruppen (Kind(er), Eltern bzw. Herkunftsfamilie etc.) abgewogen werden müssen und andererseits pädagogische Interessen häufig hinter den institutionellen Routinen anstehen. Sichtbar wird dies in problematischer Weise u. a. dann, wenn Adressat*innen (stationärer) Erziehungshilfen Sanktionen erfahren, die „nicht mehr der Erziehung, sondern dem Erhalt der Institution" dienen (Kotthaus, 2012, S. 134 f.).

Eine weitere Herausforderung ist in der fachlich angemessenen Begleitung junger Menschen zu sehen, welche die stationäre Hilfe verlassen haben. Diese Personengruppe wird im internationalen Fachdiskurs als ‚Care Leaver' bezeichnet (vgl. Sievers, Thomas & Zeller, 2015). Internationale Studien zeigen, dass diese Gruppe junger Menschen überproportional von Wohnungslosigkeit und von Krankheiten betroffen sind. Mit anderen Worten: Ehemalige Adressat*innen der stationären Kinder- und Jugendhilfe bleiben oftmals Adressat*innen der Sozialen Arbeit, indem sie nach dem Verlassen der Kinder- und Jugendhilfe Soziale Hilfen in besonderen Lebenslagen oder der Behinderten- und Gesundheitshilfe empfangen. Diese Problemanzeige deutet darauf hin, dass das eigentliche Ziel der stationären Hilfe, entweder die Rückkehr in die Herkunftsfamilien der Jugendlichen oder der Eintritt in eine selbständige Lebensführung nach § 34 SGB VIII vielfach verfehlt wird. Auch wenn die Rückkehr in die Familien häufig das zentrale fachliche Ziel ist, verweisen Studien darauf, dass dies de facto kaum realisiert wird und daher diese besonderen Lebens- und Bewältigungssituationen über strukturelle Unterstützungsangebote stärker in den Blick genommen werden müssen (vgl. ebd.). Es bleibt abzuwarten, inwiefern die 2021 im Zuge des Inkrafttretens des KJSG auf diese Problematik reagierenden Gesetzesänderungen hier eine hinreichende Unterstützung bieten können: Mit der Erweiterung der „Hilfe für junge Volljährige" (§ 41 SGB VIII) haben nach Beendigung einer Hilfe nun auch junge Volljährige ein Anrecht auf „die erneute Gewährung oder Fortsetzung einer Hilfe" (§ 41 SGB VIII). Weitergehend steht ihnen nach der neu eingeführten „Nachbetreuung" (§ 41a SGB VIII) zudem zu, dass sie nach Beendigung der Hilfe Beratung und Unterstützung erfahren und „der Träger der öffentlichen Jugendhilfe in regelmäßigen Abständen Kontakt" (§ 41a SGB VIII) zu ihnen aufnimmt.

5.5.4 Die Funktion von Hilfen zur Erziehung

Insgesamt verbindet sich in den unterschiedlichen Formen von erzieherischen Hilfen eine Sicherstellung des Kindeswohls mit dem Anspruch auf individuelle Förderung der Adressat*innen (vgl. Albus, 2012, S. 477). Dabei wird angestrebt, „Benachteiligungen zu vermeiden bzw. abzubauen und positive Lebensbedingungen zu schaffen" (ebd.), wobei ein besonderer Fokus auch auf „der Beratung und Unterstützung der Erziehungsberechtigten" (ebd.) liegt. Um diese Funktion auch angesichts dynamischer, schwer kalkulierbarer Fallverläufe sowie eines zunehmend von Diversität gekennzeichenten Adressat*innenkeises weiterhin erfüllen zu können, werden die vorliegend beschriebenen Hilfen vielfach durch flexiblere Hilfearrangements und Mischformen ergänzt.

Hinweis: Die ‚flexiblen Hilfen'

Im Fachdiskurs werden die hier dargestellten ambulanten und (teil-)stationären Tätigkeitsfelder bereits seit den 1990er Jahren mit dem Vorwurf konfrontiert, zu einer starren ‚Versäulung' der HzE beizutragen, welche bei den Fachkräften eher ‚Nicht-Zuständigkeiten' denn ‚Zuständigkeiten' hervorrufen und eine flexible, an den individuellen Lebenslagen und Bedarfen der Adressat*innen orientierte Ausgestaltung der Hilfen behindere. Einigen Orts reagieren die Jugendämter auf diesen Kritikpunkt, indem sie erzieherische Hilfen jenseits der unterschiedlichen, rechtlich kodifizierten HzE (§§ 28–35 SGB VIII) nur noch in flexibler Form mit Bezugnahme auf den § 27 SGB VIII bewilligen, ohne dass die Hilfebedarfe im Vorhinein selektiert und klassifiziert und in die gängigen Angebotsformen eingepasst werden (vgl. Albus, 2012, S. 478 f.; Plankensteiner, 2014; Richter, 2018, S. 827 f.). Eine solches „Konzept flexibler Erziehungshilfen rekurriert auf die Annahme eines Zusammenhangs zwischen Gestaltungsfreiheit in Hilfeplanungsprozessen und effektiven Hilfeleistungen. Je freier die Fachkräfte bei der Wahl und der Kombination von Hilfeangeboten und Unterstützungsleistungen sind, desto eher können die spezifischen Bedingungen des Falls in der Hilfeplanung berücksichtigt werden, desto passgenauer werden die Hilfen, desto größer die Wahrscheinlichkeit, dass die Hilfen im intendierten Sinne wirksam werden" (Plankensteiner, 2014, S. 87). Möglich war ein solches Vorgehen auch schon infolge der bisherigen Formulierung im zweiten Absatz des § 27 SGB VIII, welche sowohl darauf verweist, dass eine Hilfeerbringung auch jenseits der einzelnen bekannten, ambulanten und (teil-)stationären Hilfeformen möglich ist, als auch darauf, dass sich die Hilfen am Einzelfall sowie am Umfeld der jeweiligen Adressat*innen orientieren sollen. Zusätzlich wurden die flexiblen Hilfen im Zuge des 2021 in Kraft getretenen KJSG gestärkt. Über den folgenden, neu eingefügten Passus wurden sie nun explizit in den Gesetzestext des KJHG mitaufgenommen: „Unterschiedliche Hilfearten können miteinander kombiniert werden, sofern dies dem erzieherischen Bedarf des Kindes oder Jugendlichen im Einzelfall entspricht" (§ 27 Abs. 2. SGB VIII).

Die Kritikpunkte, auf die das Konzept der ‚flexiblen Hilfen' aufmerksam macht, stellen die hier vorgestellte Binnendifferenzierung des Arbeitsfeldes der erzieherischen Hilfen in unterschiedliche Tätigkeitsfelder mit guten Gründen als unzureichend in Frage. Denn die damit ausgewiesene schematische Versäulung erzieherischer Hilfen trägt weder den individuellen Bedarfen der Adressat*innen hinreichend Rechnung, noch den damit korrespondierenden, sich individuell entwickelnden Fallverläufen. Allerdings ist ebenfalls zu bedenken, dass die hier als Versäulung kritisierte sozialrechtlich kodifizierte Ausformulierung unterschiedlicher, differenzierter erzieherischer Hilfeformen im SGB VIII auf unterschiedlichen Ebenen *Struktur, Planbarkeit* *und Verlässlichkeit* verspricht. Dies gilt sowohl für die kommunale Finanzierung der Hilfen sowie für das Bereitstellen von Angeboten und einer entsprechenden Ressourcenausstattung durch die örtlichen Träger, als auch für die situativen Handlungs- und Gestaltungsspielräume der am jeweiligen Fall beteiligten Fachkräfte. Zugleich führt diese Debatte um die ‚flexiblen Hilfen' exemplarisch vor, auf welche Weise vormals klar voneinander abgrenzbare Tätigkeitsfelder verschwimmen können und dadurch neue Praxiszusammenhänge entstehen.

Im Arbeitsfeld *Hilfen zur Erziehung* sind 2018 insgesamt ca. 111 500 Mitarbeiter*innen beschäftigt gewesen (Statistisches Bundesamt, 2020b), die sich auf die verschiedenen Tätigkeitsfelder aufteilen (Abb. 5.6).

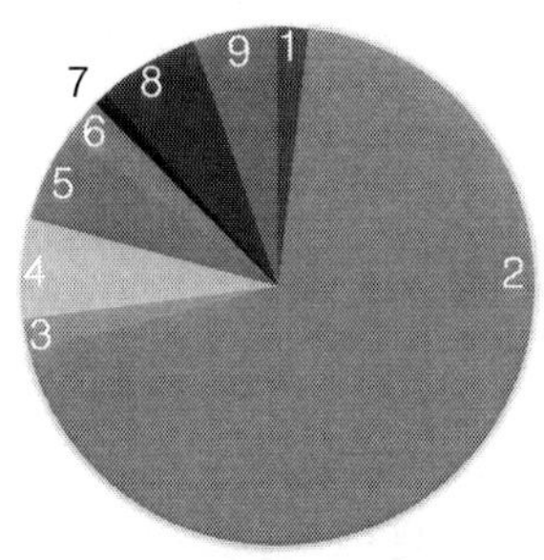

1 Intensive sozialpädagogische Einzelbetreuung gemäß § 35 SGB VIII (2.076 Beschäftigte)
2 Heimerziehung, sonstige betreute Wohnformen gemäß § 34 SGB VIII (72.263 Beschäftigte)
3 Pflegekinderwesen (Vollzeitpflege gemäß § 33 SGB VIII) (2.173 Beschäftigte)
4 Erziehung in einer Tagesgruppe gemäß § 32 SGB VIII (6.518 Beschäftigte)
5 Sozialpädagogische Familienhilfe gemäß § 31 SGB VIII (6.015 Beschäftigte)
6 Erziehungsbeistand gemäß § 30 SGB VIII (2.578 Beschäftigte)
7 Soziale Gruppenarbeit gemäß § 29 SGB VIII (929 Beschäftigte)
8 Erziehungsberatung gemäß § 28 SGB VIII (6.721 Beschäftigte)
9 Andere erzieherische Hilfe gemäß § 27 Abs. 2 SGB VIII (z.B. flexible Hilfen) (5.437 Beschäftigte)

Abb. 5.6: Beschäftigtenzahlen in den einzelnen Tätigkeitsfeldern der Hilfen zur Erziehung (Quelle: in Anlehnung an Statistisches Bundesamt, 2020b, S. 50)

Mit 72 263 Mitarbeiter*innen ist von den Beschäftigten im Arbeitsfeld der erzieherischen Hilfen weit mehr als die Hälfte im Tätigkeitsfeld der Heimerziehung nach § 34 SGB VIII beschäftigt. Dies unterstreicht nicht nur die hohen Personalressourcen, die im Kontext dieses Tätigkeitsfeldes anfallen. Deutlich wird vielmehr auch, dass diese stationäre Unterbringungsform nach wie vor eine hochfrequentierte Hilfeform darstellt – ihrem lebensweltersetzenden, hohen Interventionsgrad zum Trotz. Ende 2018 ist der Befund des 14. Kinder- und Jugendberichts damit immer noch aktuell, dass dieses Tätigkeitsfeld – nach der Erziehungsberatung (466 038 in Anspruch genommene Hilfen) und den familienbezogenen HzE nach § 27 (158 100 in Anspruch genommene Hilfen) – die Hilfeform darstellt, die am dritthäufigsten in Anspruch genommen wird (143 316 in Anspruch genommene Hilfen) (BMFSFJ, 2013, S. 347; Statistisches Bundesamt, 2020b).

5.6 Zusammenfassung

Die Vielzahl unterschiedlicher Leistungen und Angebote im Handlungsfeld Kinder- und Jugendhilfe lassen sich entlang der Struktur des Kinder- und Jugendhilfegesetzes (KJHG/SGB VIII) zu den fünf Arbeitsfeldern *Jugendarbeit*, *Jugendsozialarbeit*, *Förderung der Erziehung in der Familie und Frühe Hilfen*, *Frühkindliche Bildung, Betreuung und Erziehung* sowie *Hilfen zur Erziehung* gruppieren. Die mit dieser Gruppierung einhergehende Systematisierung unterschiedlicher Aufgaben, Zielsetzungen, Zielgruppen und Angebotsformen setzt sich insofern weiter fort, als sich innerhalb der Arbeitsfelder wiederum voneinander unterscheidbare Tätigkeitsfelder herauskristallisieren. In Gestalt dieser treten auch die unterschiedlichen Interventionsgrade sozialpädagogischer Angebote besonders deutlich hervor, welche als Eingriff in die Lebenswelt der Adressat*innen (vgl. Thole, 2012) bzw. in ihrer gesellschaftlichen Funktion (vgl. Hamburger, 2016) identifiziert und differenziert werden können (siehe hierzu vertiefend das Unterkapitel 4.2). Entsprechend finden sich in der nachfolgenden Tabelle (Abb. 5.7) sämtliche Tätigkeitsfelder der hier beschriebenen Arbeitsfelder gemäß dieser beiden Modelle kartiert und systematisch zusammengefasst.

ingriff in die Lebenswelt der dressat*innen nach Thole	Lebenswelt-ergänzend	Lebenswelt-unterstützend		Lebenswelt-ersetzend
rstes Arbeitsfeld: ugendarbeit	• Offene Kinder- und Jugendarbeit • Jugendverbandsarbeit			
weites Arbeitsfeld: ugendsozialarbeit		• arbeitsweltbezogene Jugendsozialarbeit • Schulsozialarbeit • mobile Jugendsozialarbeit • Jugendwohnen		
rittes Arbeitsfeld: örderung der Erziehung in er Familie und Frühe Hilfen	• Förderung der Erziehungskompetenz • Frühe Hilfen	• Beratung in konkreten Belastungssituationen • Frühe Hilfen • Stationäre Hilfen in spezifischen Lebenssituationen		• Stationäre Hilfen in spezifischen Lebenssituationen
iertes Arbeitsfeld: rühkindliche Bildung, etreuung und Erziehung	• Kindertages-einrichtungen • Kindertagespflege			
ünftes Arbeitsfeld: Hilfen ır Erziehung		• Erziehungsberatung • Soziale Gruppenarbeit • Erziehungsbeistandschaft • Sozialpädagogische Familienhilfe	• Tagesgruppe	• Vollzeitpflege • Heimerziehung • Intensive Sozialpädagogische Einzelbetreuung
esellschaftliche Funktion er Interventionen nach amburger	Sozialpädagogische bzw. sozialpolitische Normaleinrichtungen und Absicherungssysteme	Sozialpädagogische Normalisierungsangebote	Sozialpädagogische Krisenbearbeitung von Strukturproblemen	

bb. 5.7: Systematisierung der Tätigkeitsfelder in den fünf Arbeitsfeldern der Kinder- nd Jugendhilfe entlang ihres Interventionsgrades

6

6 Sozialpädagogische Arbeitsformen

Wenn Sie dieses Kapitel durchgearbeitet haben, haben Sie grundlegende Arbeitsformen der Kinder- und Jugendhilfe ebenso kennengelernt, wie sie in der Lage sind, deren Bedeutung für das professionelle sozialpädagogische Handeln in den einzelnen Arbeitsfeldern zu erkennen.

Querliegend zu den genannten Angeboten der Kinder- und Jugendhilfe lassen sich spezifische Arbeitsformen ausmachen, die für die Bearbeitung der Probleme und Aufgaben sowie zum Erreichen der Ziele kennzeichnend sind. Die Orientierung an diesen spezifischen Arbeitsformen lässt sich dabei als Ausdruck von Professionalität, genauer gesagt als Ausdruck eines professionellen sozialpädagogischen Handelns verstehen. Als *sozialpädagogisch* sind die Arbeitsformen dabei insofern zu verstehen, als sie grundlegend auf die Vermittlung zwischen Individuum und Gesellschaft; sprich auf eine Relationierung von Verhalten und Verhältnissen abzielen (exemplarisch hierzu Reyer, 2002). Als *professionell* lassen sie sich wiederum verstehen, da über sie ein für die sozialpädagogische Profession charakteristischer Nexus in das Handeln der Fachkräfte eingebunden wird. Dieser Nexus speist sich aus einem speziellen wissenschaftlichen Wissen, dem Einsatz spezifischer Methoden sowie der Verständigung auf eine das Handeln orientierende Berufsethik (vgl. Farrenberg & Schulz, 2020, S. 13; Combe & Helsper, 1996/2016). Neben einer Vielzahl an unterschiedlichen, arbeits- und tätigkeitsfeldspezifischen Arbeitsformen, sind feldübergreifend vor allem die drei Arbeitsformen *Beteiligen, Aushandeln* und *Befähigen* bedeutsam.

6.1 Beteiligen (Partizipation)

Eine erste zentrale Arbeitsform wird im Beteiligen der Heranwachsenden und ihrer Familien zum Ausdruck gebracht. Beteiligung von Kindern und Jugendlichen (Partizipation) stellt keine wahlweise anwendbare Option dar, etwa in der Art und Weise, wie ein Angebot der Kinder- und Jugendhilfe ausgestaltet werden soll. Vielmehr stellt Beteiligung eine grundlegende Arbeitsform dar, welche im SGB VIII zudem explizit als solche rechtlich kodifiziert ist (siehe hierzu vertiefend den Abschnitt 3.3.3). Das Partizipationsgebot bezieht sich auf die Auswahl, Ausgestaltung und sonstigen Erbringungsmodalitäten bedarfsgerechter Angebote und Leistungen sowie auf die Wahlfreiheit von Leistungserbringern und Bezugspersonen (im Besonderen §§ 5, 8 und 36 SGB VIII). Über die Beteiligungsorientierung im KJHG hinausgehend wird die Relevanz des Prinzips der Partizipation auch in der UN-Kinderrechtskonvention sowie in den Strukturmaximen des Konzepts der Lebensweltorientierung von Hans Thiersch betont. Partizipation berührt das Verhältnis von Adressat*innen und Fachkräften bzw. Nutzer*innen und Leistungserbringern und damit letztlich auch das Verhältnis von Bürger*innen und Staat (vgl. Schnurr, 2011, S. 1069). In diesem Zusammenhang kommt dem Partizipationsprinzip zudem auch in der Dienstleistungstheorie eine entscheidende Rolle zu. Demnach zeichnen sich personenbezogene soziale Dienstleistungen vor allem dadurch aus,

- dass bei ihnen Arbeit und Interaktion ineinandergreifen (d.h. Leistung und Bedarf werden hier partizipativ miteinander verhandelt),
- dass Produktion und Konsumtion im sogenannten Uno-actu-Prinzip zusammenfallen (auch hieraus lässt sich die Vorbedingung einer Mitwirkung der Nutzer*innen ableiten),
- dass sie in ihrer gesellschaftlichen Funktion zwischen der Individualität und Bedürfnislage der Nutzer*innen und den gesellschaftlichen Ordnungen, Normen und Wertvorstellungen vermitteln (vgl. Schnurr, 2011, S. 1070 ff.).

Für die Ausgestaltung des KJHG wiederum lässt sich die Dienstleistungstheorie zudem insofern als konstitutiv beschreiben, als die Angebote und Hilfeleistungen im SGB VIII explizit als soziale Dienstleistungen betrachtet werden.

Exkurs: Zur Ambivalenz des Partizipationsbegriffs

Gesamtgesellschaftlich betrachtet gilt Partizipation als „konstitutives Element demokratischer Gesellschafts-, Staats- und Herrschaftsformen" (Schnurr, 2011, S. 1069). Bereits Max Weber sieht in Partizipation die Voraussetzung für eine legitime Form der Herrschaft. Partizipatorische Demokratietheorien verstehen Partizipation als den entscheidenden Modus, um die politische und soziale Integration voranzutreiben und die repräsentative Demokratie sukzessive durch direktere Beteiligungsformen zu substituieren.

Der Partizipationsbegriff ist somit einerseits mit einer politisch-emanzipatorischen Bedeutung aufgeladen, die rundum positiv die Möglichkeiten und Chancen demokratischer Beteiligung suggeriert. Andererseits erfährt er auch insofern Kritik, als mit ihm oftmals eher eine „Assimilation in bestehende Herrschaftsverhältnisse transportiert werde und weitaus weniger eine tatsächliche Veränderung bestehender gesellschaftlicher bzw. politischer Verhältnisse" (Wagner, 2017, S. 45). Ausgerechnet darüber, dass vordergründig eine partizipative Einbindung und Beteiligung angestrebt wird, lassen sich Herrschaftsverhältnisse dann im Hintergrund weiter reproduzieren, sodass Partizipation dann lediglich die aktive Beteiligung an der hegemonialen Unterdrückung vorantreibt. So kann Partizipation sogar tyrannisch werden, wenn über sie die Bürger*innen angerufen werden, mehr und mehr Eigenverantwortung zu übernehmen, während sich gleichzeitig der Staat und andere hegemoniale Akteure zurückziehen. Auf postdemokratische Verhältnisse bezogen kann Partizipation sich dann auch ins Gegenteil verkehren, indem die Beteiligten auf einen unhintergehbaren Konsens verpflichtet werden, wodurch wiederum gesellschaftliche Konflikte und marginalisierte Meinungen und Interessen unterdrückt werden (vgl. Wagner, 2017).

Das jeweilige Handeln im Einzelnen kann auf seine partizipativen Gehalte hin analysiert werden. Hierfür haben sich vor allem Modelle als instruktiv erwiesen, welche stufenförmig Abfolgen unterschiedlicher Beteiligungsgrade als Reflexions- und Analyseinstrument zur Verfügung stellen. Nachfolgend wird exemplarisch das Stufenmodell von Roger A. Hart dargestellt, da sich jenes explizit an den Beteiligungsmöglichkeiten von Kindern orientiert (Abb. 6.1).

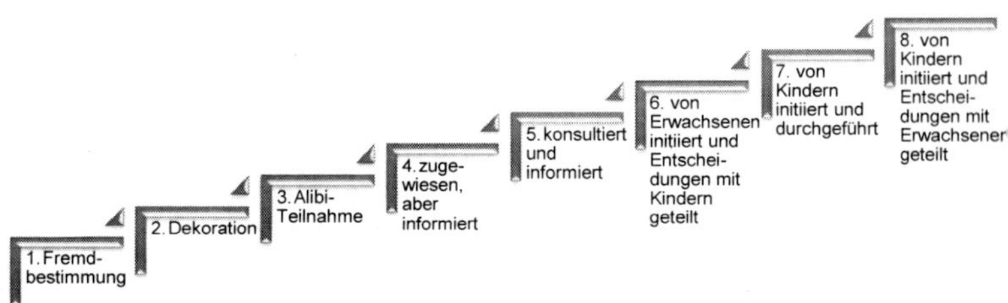

Abb. 6.1: Stufenmodell zur Unterscheidung von Formen der Beteiligung von Kindern nach Roger A. Hart (Quelle: Schnurr, 2011, S. 1073)

Wie dem Stufenmodell zu entnehmen ist, lassen sich Beteiligungsformen unterscheiden und zuordnen von einer offensichtlichen Fremdbestimmung über schein-partizipative Formen wie der Dekoration und der Alibi-Teilnahme, bei denen die Kinder lediglich präsent sind, und solchen, bei denen die Kinder zwar informiert werden, aber nicht mitentscheiden dürfen, bis hin zu einer wirklichen Mitbestimmung, bei der auch die Initiative bei den Kindern liegen kann.

Dass eine solche analytisch angeleitete Reflexion in der Praxis der Kinder- und Jugendhilfe erforderlich ist, zeigt sich daran, dass sich eine dem Gebot der Partizipation entsprechende Arbeitsform längst nicht flächendeckend in allen Diensten und Einrichtungen etablieren konnte. So konnte die Kinder- und Jugendhilfeforschung herausarbeiten, dass eine Beteiligung der Adressat*innen vielfach ausgerechnet in den Bereichen ausbleibt, in denen wirkmächtige Entscheidungen bezüglich der Falldeutung und Intervention getroffen werden. Insgesamt existieren in der Praxis weiterhin unterschiedliche Handlungsstile, die zwischen Partizipation und Adressat*innenorientierung einerseits und Expertokratie und Paternalismus andererseits oszillieren, sodass das Gebot der Partizipation nach wie vor zu wenig beachtet wird (vgl. Schnurr, 2011, S. 1075 f.).

Schließlich ist aus einer pädagogischen bzw. bildungstheoretischen Perspektive anzumerken, dass Partizipation im Verständnis einer aktiven Teilnahme am öffentlichen und politischen Leben insofern voraussetzungsvoll ist, als sie zunächst den Erwerb bestimmter Fähigkeiten und Kenntnisse voraussetzt. Für Akteure wie die Kinder- und Jugendhilfe und ihre Angebote bedeutet dies, dass erst entsprechende Bildungs- und Erfahrungsräume eröffnet und bereitgestellt werden müssen, damit Heranwachsenden hierüber die Selbst- und Ausbildung einer der Beteiligung fähigen, demokratiebewussten und konfliktfähigen Persönlichkeit ermöglicht werden kann (vgl. Schnurr, 2011, S. 1072 f.).

6.2 Aushandeln (Aushandlung und Arbeitsbündnis)

Eine zweite zentrale Arbeitsform lässt sich in dem Aushandlungscharakter sehen, der für eine gelingende Interaktion zwischen sozialpädagogischen Fachkräften und den Heranwachsenden und ihren Familien zentral ist.

Definition 6.1: Aushandeln
Begriffssystematisch kann das Aushandeln als eine Konkretisierung des Beteiligens im Sinne partizipativen Handelns be-

trachtet werden. Franz Hamburger (2016) zufolge konkretisiert sich ein professionelles sozialpädagogisches Handeln grundlegend in der Arbeitsform des Aushandelns: Welche Handlungsziele im einzelnen Fall auf welcher Grundlage und in welcher Weise verfolgt werden, ist bestenfalls Resultat eines Aushandlungsprozesses. In diesem regeln Professionelle und Adressat*innen, worum es konkret geht: Sie klären gemeinsam, was der Fall ist (ebd., S. 175 ff.). Theoretisch schließt die Arbeitsform des Aushandelns an die diskursethischen Überlegungen von Jürgen Habermas an: d. h. an die Idee eines gemeinschaftlich ausgehandelten Konsens (vgl. Schnurr, 2011, S. 1070) (siehe vertiefend hierzu den Exkurs „Diskurs – ein Begriff zwischen Ordnungen des Wissens und kommunikativem Handeln“ in Unterkapitel 2.1).

Die aushandelnde Interaktion zwischen sozialpädagogischen Fachkräften und den Adressat*innen bietet ferner den Rahmen für ein sogenanntes *Arbeitsbündnis*. Ausgehandelt werden darin

- Problemdefinitionen,
- Diagnosen,
- Handlungsziele,
- Aktionen sowie
- Vollzugsschritte.

Damit geht auch unweigerlich einher, wie Sozialarbeiter*innen und Adressat*innen im Hilfeprozess einander begegnen (und dienstleistungstheoretisch gesprochen zusammenarbeiten) – also wie die unmittelbare Interaktion moduliert wird. So findet über den Aushandlungsprozess eine Klärung darüber statt,

- wer welche Rolle gegenüber der jeweils anderen Person einnimmt,
- wer für was Verantwortung trägt,
- wer welche Zuständigkeiten, Vorrechte und Pflichten er- und behält und
- in welchen Formen das Arbeitsbündnis grundsätzlich strukturiert ist (vgl. Hamburger, 2016, S. 175 ff.).

Exkurs: Interaktionistisches Rollenverständnis als Hintergrundfolie für das Konstrukt des Arbeitsbündnisses
Die Annahme des symbolischen Interaktionismus, dass soziale Rollen nicht objektiv vorgegeben sind, sondern symbolhaft-interaktiv verhandelt werden müssen (vgl. Hamburger, 2016, S. 179 ff.), bildet die erkenntnistheoretische Hintergrundfolie für das Konstrukt des Arbeitsbündnisses. Diese Annahme begründet auch den hohen Stellenwert des Aushandelns im Kontext sozialpädagogischen Handelns: „Nicht die (vermeintlich) objektive Situation beeinflusst das Handeln, sondern ihre subjektive Wahrnehmung und Deutung“ (Heiner, 2010, S. 36).

Insbesondere im Lichte theoretischer Ansätze, welche die Arbeit und Angebotsausgestaltung der Kinder- und Jugendhilfe als Dienstleistung begreifen (vgl. Olk & Otto, 1987; Olk & Otto, 2003; Oechler, 2015) oder sie an der Lebenswelt der Adressat*innen ausrichten (vgl. Thiersch, 2006; Grunwald & Thiersch, 2016), ist die Figur des Aushandelns zentral. Schließlich koppeln diese Ansätze die Wirksamkeit einer Hilfsmaßnahme daran, dass es gelingt, dass sich die Adressat*innen kooperativ und produktiv mit an der erfolgreichen Erbringung der sozialen Dienstleistung beteiligen bzw. dass die Hilfsmaßnahme von einem ernstgemeinten Verstehen der Lebenswelt der Adressat*innen ihren Ausgang nimmt. Erst über ein partizipatives Aushandeln können produktive Problembearbeitungsstrategien und nachhaltige Veränderungen in einer die Adressat*innen und ihre Probleme ernstnehmenden Art und Weise erreicht werden. Problemdefinition und Problembearbeitung werden in professionellen sozialpädagogischen Arbeitsformen demnach also von Fachkräften und Adressat*innen gemeinsam ausgehandelt.

6.3 Befähigen (Empowerment und Hilfe zur Selbsthilfe)

Eine dritte zentrale Arbeitsform lässt sich in der Fokussierung sozialpädagogischen Handelns und einer entsprechenden Ausgestaltung der Hilfeangebote auf ein Befähigen der Heranwachsenden und ihrer Familien sehen, z.B. bezogen auf die elterliche Erziehungskompetenz oder die Verselbstständigung eines Jugendlichen.

Die Arbeitsform der Befähigung wird dabei konzeptionell durch Ansätze angeleitet, welche den Vorrang der Selbsthilfe vor der Fremdhilfe befördern und auf Selbstbefähigung setzen, indem sie sich auf den fachlich begründeten Gedanken der „Hilfe zur Selbsthilfe" (Thiel, 2017) und/oder des „Empowerment" (Herriger, 2014; Dorschky, 2017) beziehen.

Exkurs: Empowerment

Ähnlich dem Gedanken der Partizipation geht auch der Gedanke des Empowerments auf eine politisch-emanzipatorische Bewegung zurück. Deren Ziel liegt darin, „dass Individuen, aber auch Gruppen, Kommunen oder Organisationen die Herrschaft über ihre Angelegenheiten (wieder)gewinnen" (Bastian, 2017, S. 243). Ähnlich dem Werdegang des Partizipationsprinzips ist der Import in die Soziale Arbeit bzw. in die Kinder- und Jugendhilfe auch hier in Gestalt einer Arbeitsform moduliert worden – und zwar „in Abgrenzung zu einem präventiven Fürsorgeverständnis, welches [...] als eine kolonialisierende, paternalistische und entmündigende Vorgehensweise" (ebd.) abgelehnt wird.

Empowerment verstand sich damit ursprünglich stärker als politische (Selbst-)Ermächtigung, denn als vielfältig einsetzbare und funktionale (Selbst-)Hilfe und Befähigung. Der Rückgewinn von Handlungsmacht, Mitbestimmung und Autonomie – nicht von Kompetenzen, Fertigkeiten und Fähigkeiten – stand genuin im Fokus des Empowerments. Beim Übertrag des Konzeptes auf die sozialpädagogische Praxis ist dieser politische Impetus vielerorts einer funktionalen und überdies neoliberal ausdeutbaren Orientierung an Fähigkeiten, Qualifikationen und Kompetenzen gewichen (siehe kritisch zur Kompetenzdebatte auch Farrenberg & Kutscher, 2014).

Ähnlich der Arbeitsform der Partizipation sind auch der Arbeitsform der Befähigung einige Fallstricke inhärent. Zunächst basiert die Arbeitsform grundlegend auf der Annahme, dass die Heranwachsenden bzw. ihre Familien *zunächst* und überhaupt *zu irgendetwas befähigt werden* müssen, sie also zumindest in Teilen unfähig oder ohnmächtig sind. Diese defizitorientierte Zuschreibung an die Adressat*innen ist in gewisser Weise insofern immer schon Bestandteil sozialpädagogischer Bestandsaufnahmen und Problemdefinitionen, ebenso wie Interaktionen zwischen sozialpädagogischen Fachkräften und Adressat*innen per se von einem Machtgefälle gekennzeichnet sind. Gegenüber ihren Adressat*innen (zumal Heranwachsenden) verfügen die sozialpädagogischen Fachkräfte allein schon qua ihres Status einen Überhang an fachlichem Wissen, an Informationen, an Handlungs-, Gestaltungs- und – falls erforderlich – auch an Sanktionsmöglichkeiten sowie in der Regel über die (Problem-)Definitionsmacht (vgl. Wolf, 2014). Diesen Überhang gilt es demnach in den einzelnen Konstellationen sozialpädagogischer Praxis zu reflektieren und soweit möglich über eine Einbindung der Arbeitsformen *Beteiligen* und *Aushandeln* aktiv abzubauen. Des Weiteren basiert die Arbeitsform grundlegend auf der Annahme, dass die Heranwachsenden bzw. ihre Familien überhaupt befähigt werden können. Insbesondere unter den aktuellen Vorzeichen eines aktivierenden Staates, der eingekleidet in eine ‚Fördern-und-Fordern'-Semantik seine Bürger*innen ohnehin zur Eigenverantwortung aktivieren und erziehen möchte (vgl. Lessenich, 2009; 2012; 2013), ist diesbezüglich besondere Vorsicht geboten. Logiken von Selbsthilfe-Ansätzen und Strategien des Empowerments lassen sich neoliberal in eine Aufforderung zur Eigenverantwortung jener Menschen umdeuten, die kaum über die notwendigen Ressourcen verfügen, um dieser Aufforderung hinreichend nachkommen zu können.

Folglich kann der Verweis auf Empowerment, Selbsthilfe und Befähigung nicht nur eine produktive, an den Kompetenzen und Fähigkeiten bzw. der politischen (Selbst-)Ermächtigung der Adressat*innen orientierte Problembearbeitung darstellen. Vielmehr kann dieser Verweis auf die Eigenverantwortlichkeit der Adressat*innen auch zu einer Aufrechterhaltung und Verstetigung von Krisen und Problemlagen führen, sofern er nicht ergänzt wird von einer kritischen und sorgfältigen Betrachtung der Bedingungen, unter denen diese Eigenverantwortlichkeit jeweils gelebt werden muss.

Instruktiv scheint in diesem Zusammenhang eine konzeptionelle Anbindung der Arbeitsform *Befähigung* an den im deutschsprachigen Raum auch als Befähigungsansatz übersetzten, gerechtigkeitstheoretischen *Capability Approach* zu sein (vgl. Sen, 2000; Nussbaum, 1999/2016; Otto & Ziegler, 2008; Ziegler, Schrödter & Oelkers, 2012). Zum einen finden in der Perspektive des *Capability Approach* neben individuumszentrierten, das Subjekt befähigenden Attributen auch strukturelle Bedingungen Berücksichtigung, wie etwa das Vorhalten einer entsprechenden Infrastruktur oder die Ausstattung des Subjektes mit entsprechenden Rechten. Zum anderen wird die Art und Weise der Befähigung konsequent an die individuellen Auffassungen und Ansichten gebunden, mit denen das jeweilige Subjekt seine eigene Vorstellung vom guten Leben entwirft. Es geht hier also nicht allein darum, das Subjekt in einer bestimmten (von außen an es herangetragenen) Hinsicht zu befähigen, sondernd darum, dem Subjekt einen es befähigenden Möglichkeitsraum zur Verwirklichung seiner Chancen zu eröffnen. Ein willkommener Nebeneffekt dieser starken Subjektorientierung lässt sich zudem darin ausmachen, dass die aus dieser Perspektive erarbeiteten Befähigungen weniger anfällig scheinen hinsichtlich ökonomischer Verzweckungen und Optimierungen.

6.4 Zusammenfassung

Feldübergreifend ist für die Praxis der Kinder- und Jugendhilfe kennzeichnend, dass sie sich an den Prinzipien der *Beteiligung*, des *Aushandelns* und der *Befähigung* orientiert. Diese drei Prinzipien sowie weitere feldspezifische Prinzipien sind als Arbeitsformen zu begreifen, welche das professionelle und sozialpädagogische Handeln grundlegend und tagtäglich anleiten. Anders gesprochen befördert die Orientierung an diesen Arbeitsformen, dass die in der Kinder- und Jugendhilfe beschäftigten Fachkräfte ihr fachliches Handeln sowohl *sozialpädagogisch* an einer Relationierung von Verhalten und Verhältnissen ausrichten, als auch insofern *professionell* agieren, als sie hierbei auf den Nexus eines spezifischen Wissens, Könnens und einer damit korrespondierenden ethischen Haltung zurückgreifen, welcher für die sozialpädagogische Profession als kennzeichnend bezeichnet werden kann.

7

7 Ausblick: Entwicklungstendenzen, Herausforderungen und Spannungsfelder

Im Verlauf dieses Buchs haben wir herausgearbeitet, dass sich das Handlungsfeld Kinder- und Jugendhilfe an verschiedenen Systematisierungen orientiert. Es lässt sich als Ergebnis historischer Entwicklungen begreifen und wird u.a. grundlegend von rechtlich-kodifizierten sowie sozialstaatlich-organisational verfassten Rahmungen strukturiert. Gleichzeitig bilden sich gesellschaftliche und fachwissenschaftliche Diskurse ab, wodurch einerseits Veränderung und Wandel sowie anderseits auch Kontinuität und Stabilität des Handlungsfeldes erfolgen. In seinen Angeboten ist es teilweise an Lebensalter bzw. -läufen ausgerichtet, aber auch an Lebenslagen bzw. an spezifischen Adressat*innengruppen und Problemdiagnosen. Zugleich ist typisch, dass es handlungsfeldintern in verschiedene Interventionsgrade ausdifferenziert ist, die bspw. von offenen über ambulante bis hin zu vollstationären Angeboten reichen. Folglich können wir innerhalb der Kinder- und Jugendhilfe Unterscheidungen aufgrund der Art und Dauer der Hilfeleistung und ihrem Unterstützungsgrad – also des Interventionsgrades der sozialpädagogischen Leistungen – treffen. Jenseits dieser Binnenstrukturierung lassen sich unterschiedliche, inhaltlich voneinander unterscheidbare, historisch gewachsene Arbeitsfelder benennen. Unserer Systematik folgend, kann das Handlungsfeld der Kinder- und Jugendhilfe auf diese Weise vorrangig in fünf große Arbeitsfelder unterteilt werden (Abb. 7.1).

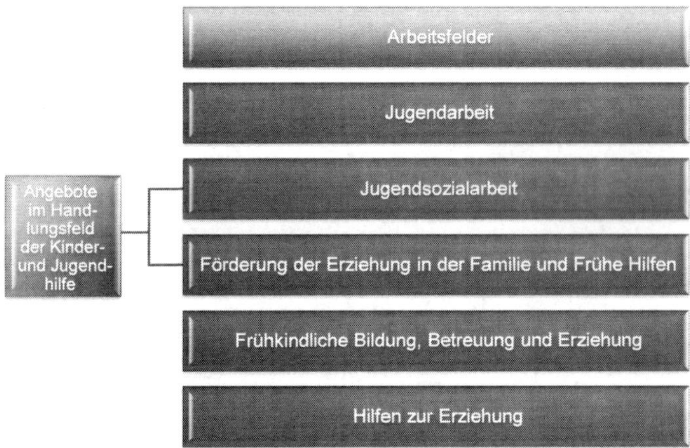

Abb. 7.1: Überblick über die Arbeitsfelder der Kinder- und Jugendhilfe

Gleichwohl macht bereits der Umstand, dass bspw. die sogenannten ‚anderen Aufgaben' der örtlichen Jugendämter in dieser Systematik nicht miterfasst werden, darauf aufmerksam, dass das Handlungsfeld der Kinder- und Jugendhilfe weit mehr umfasst als lediglich die Addition dieser fünf ausführlich porträtierten Arbeitsfelder.

Das vorliegende Unterfangen, Kinder- und Jugendhilfe als Handlungsfeld darzustellen, ermöglicht es, sie zum einen als einen inhaltlich und rechtlich-organisational verflochtenen Praxiszusammenhang darzustellen, welcher sich wiederum in spezifische Arbeits- und Tätigkeitsfelder ausdifferenziert. Über den Feldbegriff lässt sich Kinder- und Jugendhilfe somit funktionslogisch ordnen. Zum anderen gehen wir mit dieser Konturierung davon aus, dass sich Kinder- und Jugendhilfe bzw. ihre Arbeitsfelder und Rahmungen in Relation setzen und zu bzw. von weiteren benachbarten Feldern abgrenzen lassen. Angesprochen sind damit mit Blick auf den öffentlichen Erziehungsauftrag und den Adressat*innenkreis der Kinder- und Jugendhilfe vor allem die Schule, die Kinder- und Jugendpsychiatrie und die Jugendstrafrechtspflege (vgl. Walkenhorst, 2017). Deutlich wird jedoch zugleich, dass diese Grenzen nicht starr sind, denn Kinder- und Jugendhilfe arbeitet kontinuierlich mit den drei genannten Nachbarfeldern zusammen. Jedoch folgen diese Felder jeweils eigenen Funktionslogiken und Zielen, die mit denen der Kinder- und Jugendhilfe nur bedingt vereinbar sind. Weiterhin lassen sich Nachbarfelder auch mit Blick auf das professionelle Handeln – etwa in Gestalt der zuvor dargestellten sozialpädagogischen Arbeitsformen – sowie auf die wissenschaftliche Reflexion des Feldes identifizieren: Kinder- und Jugendhilfe wird aus dieser Perspektive dann als *ein* Handlungsfeld *Sozialer Arbeit* sichtbar, welches u. a. im Hinblick auf das sozialpädagogisch-professionelle Feldhandeln Nachbarschaften zu weiteren Handlungsfeldern Sozialer Arbeit, etwa den Soziale Hilfen in besonderen Lebenslagen, der Behinderten- und Gesundheitshilfe und der Sozialen Altenhilfe unterhält (vgl. Farrenberg & Schulz, 2020). Allerdings sind auch hier die Grenzen fluide und es wäre verkürzt, Kinder- und Jugendhilfe ausschließlich kanonisch als ein Handlungsfeld der Sozialen Arbeit einzuordnen. So weisen einige Jugendhilfeträger im Arbeitsfeld der Hilfen zur Erziehung ihr Angebotsrepertoire explizit nicht nur als sozialpädagogisch, sondern zudem auch als therapeutisch aus, womit, zumindest der Tendenz nach, auch auf professionelle Arbeitsformen und disziplinäre Wissensbestände außerhalb der Sozialen Arbeit verwiesen wird. Unterstrichen wird dieser Eindruck durch die teilweise intensive Zusammenarbeit mit Angehörigen therapeutischer Berufsgruppen, die ebenfalls in den Arbeitsfeldern der Kinder- und Jugendhilfe tätig sind. Besonders deutlich wird eine solche multiprofessionelle und interdisziplinäre Verwobenheit des Feldes gegenwärtig auch in Versuchen, Kinder- und Jugendhilfe – ausgehend vom Arbeitsfeld Frühkindliche Bildung, Betreuung und Erziehung – stärker kindheitspädagogisch statt originär sozialpädagogisch zu konturieren (vgl.

Helm & Schwertfeger, 2016). Kinder- und Jugendhilfe als Handlungsfeld zu betrachten, verweist somit schließlich auch auf deren eigene Konstruiertheit: Nicht nur verschieben sich Feldgrenzen, gestalten sich als durchlässig oder überlappen einander, auch können gemäß dem jeweiligen Standort der Betrachtung, sprich je nach eingenommener Perspektive, durchaus unterschiedliche, potentiell konkurrierende Feld*zuschnitte* generiert werden.

Kinder- und Jugendhilfe als gesellschaftlich hervorgebrachtes Konstrukt

In den vorliegenden Darstellungen haben wir eine diskurstheoretisch-konstruktivistische Perspektive eingenommen. Dies bedeutet *erstens*, dass wir die Kinder- und Jugendhilfe als ein gesellschaftlich hervorgebrachtes, spezifisch-historisches Konstrukt verstehen. Sie ist damit ebenso gesellschaftlichen Entwicklungen, Wandlungsprozessen und damit auch Veränderungen unterworfen, wie sie ein Spiegelbild der jeweils vorherrschenden gesellschaftlichen Normen und Rationalitäten (d. h. Einstellungen und Überzeugungen) und insbesondere der gesellschaftlich hervorgebrachten Problembeschreibungen und Problemzuschreibungen darstellt. Die Antworten auf die nachfolgenden Kernfragen der Kinder- und Jugendhilfe sind Teil eines diskursiven gesellschaftlichen Aushandlungsprozesses:

- Wie kann gelingendes Aufwachsen von Kindern und Jugendlichen unterstützt und gefördert werden?
- Wozu sollen Kinder und Jugendliche befähigt und worin bestärkt werden?
- Welche Erziehungsleistungen sind hierfür seitens der Eltern sowie ergänzend seitens des Sozialstaates und seiner subsidiären Dienste und Einrichtungen zu erbringen?
- Wovor sind Heranwachsende zu schützen und zu bewahren und wodurch werden sie gefährdet?
- Was kann und soll Kindern und Jugendlichen zugetraut werden?
- Sowie: Welche Verantwortung tragen Eltern und welche Verantwortung der Staat und seine subsidiären Dienste und Einrichtungen für ein gelingendes Aufwachsen von Kindern und Jugendlichen?

Dass sich die Kinder- und Jugendhilfe heute so präsentiert, wie sie es tut, ist das Ergebnis eines historisch gewachsenen und gleichzeitig kontingenten, nicht abgeschlossenen Prozesses. Pointiert gesagt ist Kinder- und Jugendhilfe das Ergebnis einer gesellschaftlich hervorgebrachten Konstruktion.

Kinder- und Jugendhilfe als sich veränderndes Konstrukt

Zweitens geht damit zwangsläufig einher, dass die hier dargestellte Angebotsstruktur des Handlungsfeldes Kinder- und Jugendhilfe sowie die derzeitigen Zuschnitte der sie strukturierenden Arbeits- und Tätigkeitsfelder Veränderungs- und Wandlungsprozessen, Neuerungen und Transformationen ausgesetzt sind.

Mit dem Reformprozess des Kinder- und Jugendhilferechts, welcher 2021 in das Inkrafttreten des Kinder- und Jugendstärkungsgesetzes (KJSG) einmündete, gingen zum Teil deutliche inhaltliche Neujustierungen und strukturelle Veränderungen einher (vgl. Walhalla Fachredaktion, 2021, S. 9 ff.; BVkE/DCV, 2021, S. 9 ff.): So zielen u. a. neu ausgerichtete Kontrollverfahren auf eine Verbesserung des Kinder- und Jugendschutzes und auf junge Menschen, die in Familien oder Jugendhilfeeinrichtungen aufwachsen. Diese werden finanziell weniger stark belastet und auch nach Beendigung der jeweiligen Hilfemaßnahmen weiterhin durch die Kinder- und Jugendhilfe begleitet und unterstützt. Mit Bezugnahme auf eine ‚Erziehung zur Selbstbestimmung' wird die Beteiligung von Kindern und Jugendlichen insgesamt ebenso in vielerlei Hinsicht gestärkt, wie deren Recht auf Beratung und Beschwerde. Außerdem wird eine inklusive Öffnung eingeleitet, die vorsieht, dass bis 2028 eine inklusive Kinder- und Jugendhilfe für alle erreicht ist. Mit dieser sogenannten ‚großen Lösung' wird unweigerlich das bereits diskutierte Spannungsverhältnis zwischen Inklusion und einer auch normalisierenden und kontrollierenden Integrationsfunktion der Kinder- und Jugendhilfe mitaufgerufen. Aus einer an Inklusion orientierten Perspektive wird zudem kritisch diskutiert, inwieweit das mit dem KJSG verbundene Teilhabeversprechen auch tatsächlich die gesellschaftlichen Bedingungen von Teilhabe miteinschließt oder aber lediglich ein ‚Mitreden auf Augenhöhe' ermöglicht und inwieweit sich die ‚Erziehung zur Selbstbestimmung' nicht allzu leicht in eine neoliberal-individualisierende Pflicht umkehren kann. Ebenso wird angemerkt, dass mit dem Inklusionsgedanken streng genommen bereits dadurch gebrochen wird, dass auch im KJSG nach wie vor zwischen jungen Menschen mit und ohne Behinderung unterschieden wird (vgl. Hopmann, 2021).

Der letztgenannte Punkt leitet über zu einer weiteren grundsätzlichen Herausforderung der gegenwärtigen Kinder- und Jugendhilfe, die sich mit dem Bedarf verbindet, die bestehenden Hilfeangebote zu flexibilisieren und individuell anzupassen, um auf die pluralen und individualisierten Lebenslagen der Heranwachsenden adäquat reagieren zu können. Folglich wird in besonderer Weise auch das Spannungsfeld virulent, ‚besonders benachteiligte' Kinder und Jugendliche einerseits in zielgruppenspezifischen Angeboten zu fördern und zu unterstützen, ohne dass jene andererseits hierdurch erneut als abweichend oder defizitär stigmatisiert werden.

Sowohl die noch längst nicht abgeschlossene Integrationsaufgabe, die aus der quantitativ bedeutsamen Fluchtmigration in der jüngeren Vergangenheit resultiert, als auch sich bereits heute abzeichnende zukünftige Bewegungen von Fluchtmigration werden die Sozialen Dienste und Einrichtungen der Kinder- und Jugendhilfe weiterhin herausfordern. Neben der Frage nach entsprechenden finanziellen und personellen Ressourcen, sind hiermit auch konzeptionelle Fragen angesprochen: Kinder- und Jugendhilfe muss sich der Frage stellen, welche Anforderungen und Bearbeitungsmöglichkeiten sich für sie ergeben angesichts der – in zentraler Weise auch an sie adressierten – Aufgabe der ‚Integration' und angesichts der zunehmenden Heterogenität in Bezug auf u.a. Lebensführungsweisen, Werthaltungen und Zugehörigkeiten ihrer Adressat*innen.

Weitere Herausforderungen werden gegenwärtig im Zuge der durch das Coronavirus SARS-CoV-2 ausgelösten Pandemie sichtbar. Kinder, Jugendliche und ihre Familien mussten insbesondere infolge der zur Bekämpfung der Pandemie angeordneten Schließung von Schulen, Kindertageseinrichtungen, Freizeiteinrichtungen und Spielplätzen teilweise über Monate hinweg massive Einschränkungen hinnehmen. Das Fehlen von bildungsbezogenen Angeboten und vor allem von sozialen Kontakten zu Gleichaltrigen verursachte längerfristige, noch nicht überblickbare Folgen. Die Erfahrung, im Krisenfall nicht gehört zu werden, auf einmal in der ansonsten vielfach postulierten Teilhabe eingeschränkt zu werden und auch von vielen Diensten und Einrichtungen der Kinder- und Jugendhilfe verlassen worden zu sein, dürfte sehr viele junge Menschen maßgeblich geprägt haben.

In diesem Zusammenhang ist davon auszugehen, dass auch die aktuellen gesellschaftlichen Fragen und Herausforderungen, die sich angesichts globaler ökologischer sowie jüngst gesundheitlich-pandemischer Krisen einerseits und postdemokratischer Tendenzen andererseits aufspannen, das Handlungsfeld der Kinder- und Jugendhilfe zunehmend verändern und herausfordern werden. Wie kann und sollte sich die Kinder- und Jugendhilfe gegenüber der aktuellen, umweltpolitische Forderungen stellenden Jugendbewegung verhalten, zumal darin auch die Forderung nach einer neuen Form von Generationengerechtigkeit sichtbar wird? Wie kann sie ihre Aufgaben weiterhin verantwortungsvoll und adressat*innenorientiert wahrnehmen, wenn das öffentliche Leben aus Gründen des Gesundheitsschutzes in drastischer Weise Einschnitte erfährt? Was kann die Kinder- und Jugendhilfe in ihren auf Beteiligung, Aushandlung und Befähigung ausgerichteten Arbeitsformen beitragen, um Heranwachsende und ihre Familien für Demokratie zu begeistern und Zuwächsen an Politikverdrossenheit und Ausflüchten in rechtsextremistische Positionen angemessen zu begegnen?

Schließlich ergeben sich neue Herausforderungen auch dadurch, dass sich Kindheit und Jugend heute immer stärker in digitalisierten und mediatisierten Lebensräumen vollzieht. Zugleich sind die Sozialen Dienste und Einrichtungen der Kinder- und Jugendhilfe aufgefordert, bisher analog vollzogene Aufgaben wie das In-Kontakt-Treten mit Kindern und Jugendlichen sowie deren Beratung, aber auch die Organisation und Dokumentation von Fallverläufen und Hilfestrukturen in Teilen zu digitalisieren. Dabei sollten fachliche Entscheidungen nicht an Algorithmen abgetreten, sensible Daten nicht offengelegt und Heranwachsende nun nicht mehr nur offline, sondern vermehrt auch online nicht über Gebühr in ihren Lebenswelten kolonialisiert werden.

Ungeachtet dieser heterogenen, hier nur skizzierten Entwicklungstendenzen, Herausforderungen und Spannungsfelder deutet sich an, dass die fünf vorgestellten gegenwärtigen Arbeitsfelder und die hiermit in Verbindung stehende Ausgestaltung der Angebote auch zukünftig eine rahmende Struktur darstellen werden. Entlang dieser werden sich die Leistungen der Kinder- und Jugendhilfe inhaltlich vermutlich weiter ausdifferenzieren und in ihren Zuschnitten mitunter transformieren, anpassen und verändern. Dennoch kann davon ausgegangen werden, dass die hier angebotene Systematisierung der Kinder- und Jugendhilfe in ihren Grundzügen auch in den kommenden Jahrzehnten weiterhin Bestand haben wird.

A. Glossar

Adressat*in	Begriff, um die Personen, die die Kinder- und Jugendhilfe erreichen will, zu definieren. Adressat*in wird in der Literatur mehrheitlich entweder als Oberbegriff verwendet oder für diejenigen Personen, die die Angebote der Kinder- und Jugendhilfe tatsächlich nutzen. Zugleich liegen verschiedene Adressat*innen-Konstruktionen im Kontext der Kinder- und Jugendhilfe vor (Adressat*in, Klient*in, Nutzer*in, Kund*in, Akteur*in).
Allgemeine Förderung der Erziehung in der Familie	bezeichnet ein Arbeitsfeld der Kinder- und Jugendhilfe (§ 16 SGB VIII), dessen Angebote auf Familienbildung und eine Förderung der elterlichen Erziehungskompetenz abzielen. Neben Elternkursen, Beratungsangeboten und Familienfreizeiten etc. wird auch eine Unterstützung bei Betreuungsengpässen vorgehalten.
Allgemeiner Sozialer Dienst (ASD)	bezeichnet eine Verwaltungseinheit innerhalb einer kommunalen Behörde. Zu den vielfältigen Aufgaben des ASD im Jugendamt gehören u. a. seine Schaltstellenfunktion als eine erste Anlaufstelle für akute Hilfebedarfe, die Fallführung einzelfallorientierter Hilfen (z. B. HzE) und die Wahrnehmung des staatlichen Wächteramts zur Abwendung von Kindeswohlgefährdungen.

Andere Aufgaben	Öffentliche Jugendhilfeträger (d. h. i. d. R. die Jugendämter) sind neben der Erbringung regulärer Leistungen, welche auch von freien Jugendhilfeträgern übernommen werden können, von Amts wegen mit staatlichen, nur eingeschränkt delegierbaren und daher hoheitlichen Aufgaben betraut. Diese sogenannten anderen Aufgaben umfassen u. a. auch eine Konkretisierung des staatlichen Wächteramtes (siehe: Staatliches Wächteramt).
Arbeitsbündnis	Vereinbarung zwischen Adressat*in und Sozialarbeiter*in, in welchem Rahmen die gemeinsame Arbeit stattfindet. Dieser wird ausgehandelt.
Aushandeln	sozialpädagogische Arbeitsform und Prozess der Verständigung über das Arbeitsbündnis. Erst über das Aushandeln können produktive Problembearbeitungsstrategien und nachhaltige Veränderungen erreicht werden.
Befähigen	sozialpädagogische Arbeitsform, die zurückgreift auf Konzepte wie ‚Empowerment' und ‚Hilfe zur Selbsthilfe'.
Beratung in konkreten Belastungssituationen	bezeichnet ein Tätigkeitsfeld des Arbeitsfeldes *Förderung der Erziehung in der Familie und Frühe Hilfen*, in dem Beratungsangebote für Fragen der Partnerschaft, Trennung und Scheidung (§ 17 SGB VIII) sowie bei Fragen der Unterstützung der Personensorge und des Umgangsrechtes für Alleinerziehende (§ 18 SGB VIII) vorgehalten werden.
Bildungsort	Die Differenzierung in unterschiedliche Bildungsorte erlaubt es, Orte zu unterscheiden, an denen eine Konzentration auf formale, curricular festgelegte Lerninhalte vorherrscht, solche, an denen nonformale, vorwiegend angeleitete (Freizeit-)Aktivitäten angeboten werden, und solche, an denen informell und situativ entlang einer lediglich schwach vorstrukturierten Umgebung Bildung möglich wird.
Bildungsprimat	Mit Bildungsprimat lässt sich eine Fokussierung beschreiben, welche die gesellschaftlichen Anforderungen sowie die darauf reagierenden Angebote der Sozialen Arbeit unter dem Aspekt der Bildung betont.

Dienstleistungsorientierung	Konzept sozialpädagogischer Theoriebildung, welches Hilfsangebote passgenau und individualisiert als soziale personenengebundene Dienstleistungen begreift. Die Dienstleistungsproduktion ist maßgeblich von den Nutzer*innen und weniger von den Fachkräften abhängig. Vielfach wird sie im Zuge einer voranschreitenden Ökonomisierung Sozialer Arbeit diskutiert.
Diskurs	Alltagssprachlich sind mit Diskurs thematisch aufeinander aufbauende Diskussionszusammenhänge gemeint. In der Wissenschaft lassen sich verschiedene Diskurs-Begriffe voneinander unterscheiden. Diskursethische Positionen werben für einen auf Konsens ausgerichteten Austausch von Argumenten. Diskurstheoretische Positionen reflektieren den wirklichkeits- und wahrheitserzeugenden Charakter von Diskursen im Verständnis machtvoller Wissensordnungen.
Doppeltes Mandat	umschreibt die genuine Aufgabenstellung Sozialer Arbeit, zwischen den Interessen und Bedarfen von Individuen und Gesellschaft zu vermitteln. Diese Vermittlungstätigkeit bedeutet auch im Handlungsfeld *Kinder- und Jugendhilfe* eine doppelte Beauftragung. Sie erzeugt ein Spannungsfeld zwischen Hilfe (für die Adressat*innen) und (gesellschaftlich geforderter) Kontrolle.
Epistemisch	meint die Bedingungen von Erkenntnis.
Erziehungsbeistandschaft	ist ein ambulantes Angebot mit Geh-Struktur und Tätigkeitsfeld im Arbeitsfeld der *HzE* (§ 30 SGB VIII), bei dem den Adressat*innen sie begleitende Betreuungshelfer*innen zur Seite gestellt werden, um beziehungs- und dialogorientiert ihre selbstständige und verantwortungsvolle Lebensführung zu unterstützen.
Erziehungsberatung	ist ein ambulantes Angebot mit Komm-Struktur und Tätigkeitsfeld im Arbeitsfeld der *HzE* (§ 28 SGB VIII), welches sich durch einen unverbindlichen und niedrigschwelligen Beratungszugang auszeichnet.
Flexible Hilfen	bezeichnen eine individualisierte, in hohem Maße an den Lebenslagen der einzelnen Adressat*innen orientierte Leistungserbringung der HzE jenseits der etablierten ambulanten und (teil-)stationären Tätigkeitsfelder.

Frühe Hilfen	stellen ein neues, vorwiegend auf präventiven Kinderschutz ausgerichtetes Tätigkeitsfeld innerhalb des Arbeitsfeldes *Förderung der Erziehung in der Familie* dar (§ 3 BKiSchG). Die Angebote der Frühen Hilfen bieten ein lokales multiprofessionelles Unterstützungs- und Hilfenetzwerk für in erster Linie werdende und junge Eltern an der Schnittstelle von Kinder- und Jugendhilfe und Gesundheitswesen.
Frühkindliche Bildung, Betreuung und Erziehung (FBBE)	ist eine alternative Bezeichnung des Arbeitsfeldes *Kindertagesbetreuung*. Erstens werden hiermit der Bildungs- und Erziehungsauftrag des Arbeitsfeldes gestärkt. Zweitens verweist der Begriff auf einen multiprofessionell und interdisziplinär angelegten Zuschnitt, der neben dem sozialpädagogischen auch entwicklungspsychologische und an Schule angelehnte fachdidaktische Profile in sich vereint.
Geh-Struktur	Bei Angeboten mit Geh-Struktur sind es die sozialpädagogischen Fachkräfte, welche die Adressat*innen in ihrem Lebensumfeld (z. B. zu Hause oder auf der Straße) aufsuchen, also zu ihnen hingehen.
Heimerziehung	bezeichnet ein stationäres Angebot und Tätigkeitsfeld im Arbeitsfeld der *HzE* (§ 34 SGB VIII), bei dem die Kinder und Jugendlichen i. d. R. in Wohngruppen fremdbetreut werden. Oberstes Ziel der Angebotsform ist die Rückführung in die Herkunftsfamilie.
Hilfeplangespräch (HPG)	Einzelfallbezogene Hilfen der Kinder- und Jugendhilfe (z. B. *HzE)* werden in ihrer Ausgestaltung und in ihren Zielen in regelmäßig stattfindenden Hilfeplangesprächen bzw. -verfahren ausgehandelt. Hieran nehmen die betroffenen Kinder und Jugendlichen, deren Personensorgeberechtigte, die Fachkräfte der beteiligten Jugendhilfeträger sowie die fallführende Fachkraft des zuständigen ASD teil.
Hilfen zur Erziehung (HzE)	benennt ein zentrales einzelfallbezogenes Arbeitsfeld der Kinder und Jugendhilfe (§ 27 SGB VIII), das eine am Wohl des Kindes oder des Jugendlichen orientierte Erziehung fördert – in der Familie und darüber hinaus.

Hilfeprimat	beschreibt eine Fokussierung, welche die gesellschaftlichen Anforderungen sowie die darauf reagierenden Angebote der Sozialen Arbeit unter dem Aspekt von Hilfe betont.
Inklusion	Das System muss sich selbst an den individuellen Fähigkeiten und Bedürfnissen der Adressat*innen orientieren und daraus entsprechende Maßnahmen zur Förderung von Bildungs- und Entwicklungsprozessen entwickeln (Gegensatz: Integration).
Inobhutnahme	stellt eine stark in das Elternrecht eingreifende Intervention zur Abwendung einer akuten Gefährdung des Kindeswohls dar (§ 42 SGB VIII), mit der das zuständige Jugendamt das Kind oder die Jugendliche zeitweilig in seine Obhut nimmt. Inobhutnahmen sind als Konkretisierung des staatlichen Wächteramtes zu sehen.
Insoweit erfahrene Fachkraft (IEF)	bezeichnet sogenannte Kinderschutzfachkräfte (§ 8b SGB VIII), die bei Verdachtsmomenten einer Kindeswohlgefährdung von den Diensten und Einrichtungen hinzuzuziehen sind. Insoweit erfahrene Fachkräfte fungieren moderierend und beratend als Schnittstellen zwischen den pädagogischen Fachkräften eines lokalen Jugendhilfeträgers und dem ASD des jeweilig zuständigen Jugendamtes.
Integration	Einzelne werden in das bestehende System respektive in die Mehrheitsgesellschaft integriert (Gegensatz: Inklusion).
Intensive sozialpädagogische Einzelbetreuung (ISE)	beschreibt ein stationäres Angebot und Tätigkeitsfeld im Arbeitsfeld der *HzE* (§ 35 SGB VIII), welches über erlebnispädagogische und erfahrungsintensive Aktivitäten, die oftmals im Ausland stattfinden, sowie über die Bindung an eine pädagogisch tätige Bezugsperson die Heranwachsenden adressiert, die von anderen Hilfeformen nicht mehr erreicht werden.
Jugendamt (JA)	bezeichnet ein Amt innerhalb der Kommunalverwaltung. Jeder örtliche Träger der öffentlichen Kinder- und Jugendhilfe muss nach dem SGB VIII ein Jugendamt errichten.

Jugendhilfeausschuss	Dem Jugendhilfeausschuss gehören zu drei Fünfteln Mitglieder der kommunal gewählten Bürger*innen (oder ihrer bestellten Vertreter*innen) sowie zu zwei Fünfteln Vertreter*innen der lokalen, nicht öffentlichen freien Jugendhilfeträger an. Er bildet mit der Verwaltung des Jugendamts die Zweigliedrigkeit des Jugendamts.
Jugendhilfeträger (freie und öffentliche)	Öffentlicher Jugendhilfeträger ist i.d.R. das zuständige Jugendamt, freie Jugendhilfeträger sind Jugendverbände und Jugendringe, Jugendinitiativen und Wohlfahrtsverbände sowie kirchliche Träger.
Jugendsozialarbeit (auch mobile J. und arbeitswelt- bzw. ausbildungsbezogene J.)	ist eines der fünf Arbeitsfelder der KJH. Ihr Fokus liegt auf Abbau bzw. Ausgleich von sozialen Benachteiligungen und individuellen Beeinträchtigungen junger Menschen mit dem Ziel der gesellschaftlichen Integration und Förderung individueller Weiterentwicklung.
Jugendverbandsarbeit	ist ein Tätigkeitsfeld des Arbeitsfeldes *Kinder- und Jugendarbeit.* Sie findet in Vereinen oder Verbänden statt und richtet sich inhaltlich an den Interessen der Jugendlichen aus.
Kinder- und Jugendfürsorge	ist einer der drei historischen Stränge der KJH, welcher Interventionen in Familien zur Vermeidung einer Kindeswohlgefährdung organisiert und seine Anfänge in der Kinderarmenfürsorge und den Waisenhäusern hat.
Kinder- und Jugendhilfe (KJH)	bezeichnet die Gesamtheit der öffentlichen Sozialisationshilfen für junge Menschen sowie der Unterstützungsleistungen für deren Familien, bezogen auf Kinder, Jugendliche und junge Volljährige im Alter von unter 27 Jahren sowie deren Personensorge- und sonstige Erziehungsberechtigte.
Kinder- und Jugendhilfegesetz (KJHG)	Teil des Sozialgesetzbuchs (SGB VIII).
Kinder- und Jugendstärkungsgesetz (KJSG)	Reform des Kinder- und Jugendhilfegesetz (KJHG), es wurde 2021 verabschiedet.

Kinder- und Jugendpflege	stellt historisch betrachtet die allgemeinen Angebote zur Erziehung, Bildung, sozialen Unterstützung und zum Schutz von Kindern, Jugendlichen und jungen Volljährigen zur Verfügung und ist maßgeblich durch die Jugendbewegung beeinflusst.
Kindertagesbetreuung	ist eine alternative Bezeichnung des Arbeitsfeldes *FBBE*, worunter Kindertageseinrichtungen und Kindertagespflege gefasst werden.
Kindertageseinrichtungen	ist ein Tätigkeitsfeld des Arbeitsfeldes *FBBE* und ein öffentliches Betreuungs- und Bildungsangebot für Kinder ab 0 bis 6 Jahren. Umgangssprachlich auch Kindergarten genannt. Bei allen inhaltlich-konzeptionellen Differenzen geht es um familienergänzende Leistungen, die außerhalb der Familie erfüllt werden.
Kindertagespflege	ist ein Tätigkeitsfeld des Arbeitsfeldes *FBBE* und ein öffentliches Betreuungsangebot für Kinder ab 0 bis 6 Jahren, deutlich weniger bildungsorientiert ausgerichtet als Kindertageseinrichtungen.
Kindeswohlgefährdung	Unter Kindeswohlgefährdung werden gewöhnlich Formen körperlicher und psychischer Misshandlung, körperliche und emotionale Vernachlässigung sowie sexueller Missbrauch zusammengefasst.
Kolonialisierung der Lebenswelt	Hierunter versteht Jürgen Habermas das Übergreifen der Systemimperative i. S. eines ökonomischen Verwaltungshandelns auf die dem Menschen fraglos gegebene Lebenswelt.
Komm-Struktur	Angebote mit Komm-Struktur zeichnen sich dadurch aus, dass die Adressat*innen eine Einrichtung oder einen Sozialen Dienst in klassischer Weise aufsuchen, also dort hinkommen.
Lebenslauf	beschreibt gesellschaftlich bzw. kulturhistorisch miterzeugte Entwicklungsaufgaben, Bewältigungsanforderungen und lebensphasenbezogene Verhältnisse und ordnet diese stufenförmig-aufsteigend an (die Lebensalter Kindheit, Jugend, Erwachsenenalter, junges Alter, Hochaltrigkeit).

Lebenswelt	ist die Basis des sozialpädagogischen Konzepts der Lebensweltorientierung von Hans Thiersch, welches eine konsequente Orientierung an den Adressat*innen in ihren alltäglichen Bezügen mit dem Ziel betont, gemeinsam Möglichkeiten eines gelingenderen Alltags zu erarbeiten. Die Lebenswelt ist dem Menschen fraglos gegeben. Jürgen Habermas stellt ihr das von Ökonomie und Verwaltungshandeln geprägte System gegenüber.
Offene Kinder- und Jugendarbeit (OKJA)	OKJA ist ein Tätigkeitsfeld des Arbeitsfeldes *Kinder- und Jugendarbeit*. Sie findet in Einrichtungen wie Bau- und Abenteuerspielplätzen, Jugendräumen, Jugendtreffs, Jugendfreizeitstätten, Jugendhäusern, Jugendclubs oder Jugendzentren statt – seltener sind mobile Einrichtungen. Inhaltlich richtet sie sich an den Interessen der Kinder und Jugendlichen aus.
Partizipation	i. S. v. Beteiligung und Mitwirkung ist eine sozialpädagogische Arbeitsform. Sie ist ein elementarer Bestandteil sowohl pädagogischen Handelns als auch ein Recht jeder Person und daher weder eine Kompetenz, die eine Person erst allmählich erwirbt, noch eine professionell-institutionelle Handlungsmethode, die wahlweise angewendet werden kann (siehe: Teilhabe).
Schulsozialarbeit	bietet neben ambulanten Beratungsangeboten bei akuten Problemkonstellationen auch an den Schulbetrieb angepasste, quasiteilstationäre Angebotsformen an, etwa in Gestalt von am Einzelfall oder an Teilgruppen orientierten lern- und schulbezogenen Förderprogrammen und Hilfen.
Soziale Dienste	sind spezifische Organisations- und Verwaltungsformen der Sozialen Arbeit. Die in den Sozialen Diensten erbrachten Leistungen werden von Trägern der öffentlichen und der freien Wohlfahrtspflege bereitgestellt. Mit dem Ziel, die sozialen Probleme von Einzelnen, Gruppen sowie im Gemeinwesen zu bearbeiten bzw. durch Prävention zu verhindern, stellen die Sozialen Dienste einen Teil der kommunalen Daseinsvorsorge dar.

Soziale Gruppenarbeit	Hierunter wird ein ambulantes Angebot mit Komm-Struktur und Tätigkeitsfeld im Arbeitsfeld der *HzE* verstanden (§ 29 SGB VIII), bei dem gruppenpädagogisch soziales Lernen in der Gleichaltrigengruppe evoziert wird.
Soziale Probleme	bezeichnen gesellschaftlich (mit-)verursachte Probleme, die nicht statisch sind: Durch gesellschaftliche Wandlungsprozesse verschieben sich Problemlagen, es kommen neue hinzu, und bestehende verändern sich hinsichtlich ihrer Dringlichkeit, Intensität und Reichweite.
Sozialgesetzbuch (SGB)	ist die systematische Zusammenfassung des Sozialrechts in einem einheitlichen Gesetzeswerk bestehend aus zwölf Büchern.
Sozialpädagogik vs. Sozialarbeit	Sozialpädagogik und Sozialarbeit bezeichnen die beiden historischen Wurzeln heutiger Sozialer Arbeit. Die Sozialarbeit resultiert historisch betrachtet aus der Armenpflege und folgt fürsorgetheoretischen bzw. sozialwissenschaftlichen Argumentationen. Die Sozialpädagogik war ursprünglich mit der öffentlichen, außerschulischen Erziehung und Bildung Heranwachsender betraut und ist Teil der Erziehungswissenschaft.
Sozialpädagogische Familienhilfe (SPFH)	Unter Sozialpädagogischer Familienhilfe wird ein ambulantes Angebot mit Geh-Struktur und Tätigkeitsfeld im Arbeitsfeld der *HzE* verstanden (§ 31 SGB VIII), welches Familien erzieherische Hilfen in ihrem Wohnumfeld und Lebensraum anbietet.
Staatliches Wächteramt	beschreibt die gegenüber den Erziehungs- und Sorgerechten und -pflichten der Eltern nachrangige Erziehungsaufgabe des Staates und umfasst eine staatliche Schutzverpflichtung gegenüber dem Kind, eine Erziehungsreserve bei Kindesvernachlässigung oder elterlichem Erziehungsversagen, eine Schlichtungsfunktion bei Konflikten zwischen den Eltern bei Erziehungsfragen und eine Schutzfunktion bei Kindeswohlgefährdung infolge der missbräuchlichen Ausübung elterlicher Erziehungsrechte.

Subsidiaritätsprinzip	Gesetzlich geregelte Prämisse von Dezentralität, die „die Vielfalt von Trägern unterschiedlicher Wertorientierungen und die Vielfalt von Inhalten, Methoden und Arbeitsformen" (§ 3 SGB VIII) innerhalb der sozialen Dienstleistungen der KJH ermöglicht, um die Wertevielfalt einer demokratischen Gesellschaft auch institutionell zu gewährleisten (siehe: Träger).
Teilhabe	Ermöglichung von Teilhabe an den verschiedenen Lebensbereichen als zentrales demokratisches Prinzip, u. a. gesetzlich verbrieft. Häufig synonym für Partizipation (siehe: Partizipation).
Träger	sind die Leistungserbringer sozialer Dienstleistungen. In der Sozialen Arbeit wird zwischen öffentlichen, freien (bspw. Wohlfahrtsverbände) und privatwirtschaftlichen Trägern unterschieden, wobei öffentliche Träger nachrangig zu behandeln sind. Basis ist das Subsidiaritätsprinzip. Sowohl das KJHG als auch das Zwölfte Buch Sozialgesetzbuch (SGB XII) definiert Träger.
Wunsch- und Wahlrecht	Das im § 5 SGB VIII geregelte Wunsch- und Wahlrecht ist das Recht der Leistungsberechtigten, zwischen Diensten und Einrichtungen verschiedener Träger wählen zu können und Wünsche hinsichtlich der Gestaltung der Hilfe zu äußern.

B. Literaturverzeichnis

Adorno, T. W. (1971). Erziehung zur Mündigkeit – Vorträge und Gespräche mit Hellmut B. Becker 1959 bis 1969. Frankfurt/M.: Suhrkamp.

Albus, S. (2012). Die Erzieherischen Hilfen. In W. Thole (Hg.), Grundriss Soziale Arbeit. Ein einführendes Handbuch (4. Auflage) (S. 477–482). Wiesbaden: VS Verlag für Sozialwissenschaften.

Andresen, S., Lips, A., Möller, R., Rusack, T., Schröer, W., Thomas, S. & Wilmes, J. (2020). Kinder, Eltern und ihre Erfahrungen während der Corona-Pandemie. Erste Ergebnisse der bundesweiten Studie. Hildesheim: Universitätsverlag. Verfügbar am 24.11.2021 unter https://doi.org/10.18442/121.

Anhorn, R. (2010). Von der Gefährlichkeit zum Risiko. Zur Genealogie der Lebensphase „Jugend" als soziales Problem. In B. Dollinger & H. Schmidt-Semisch (Hg.), Handbuch Jugendkriminalität. Kriminologie und Sozialpädagogik im Dialog (S. 23–42). Wiesbaden: VS Verlag für Sozialwissenschaften.

Ariès, P. (2007). Geschichte der Kindheit (16. Auflage). München: Deutscher Taschenbuch Verlag.

Autorengruppe Bildungsberichterstattung (2020). Bildung in Deutschland 2020. Ein indikatorengestützter Bericht mit einer Analyse zu Bildung in einer digitalisierten Welt. Bielefeld: wbv Media GmbH & Co. KG. Verfügbar am 30.8.2021 unter https://www.bildungsbericht.de/de/bildungsberichte-seit-2006/bildungsbericht-2020/pdf-dateien-2020/bildungsbericht-2020-barrierefrei.pdf

Autorengruppe Kinder- und Jugendhilfestatistik (2019). Kinder- und Jugendhilfereport 2018. Eine kennzahlenbasierte Analyse. Opladen u. a.: Barbara Budrich.

Autorengruppe Kinder- und Jugendhilfestatistik (2021). Kinder- und Jugendhilfereport Extra 2021. Eine kennzahlenbasierte Kurzanalyse. Eigenverlag Forschungsverbund DJI/TU Dortmund. Dortmund. Verfügbar am 30.8.2021 unter https://www.akjstat.tu-dortmund.de/fileadmin/user_upload/Kinder-_und_Jugendhilfereport_Extra_2021_AKJStat.pdf

Baader, M. S. (2004). Der romantische Kindheitsmythos und seine Kontinuitäten in der Pädagogik und in der Kindheitsforschung. Zeitschrift für Erziehungswissenschaft, 7(3), 416–430.

Barlösius, E. (2014). Dicksein. Wenn der Körper das Verhältnis zur Gesellschaft bestimmt. Frankfurt/M., New York: Campus.

Bartjes, H. (2008). Warum sind Männer in Erziehung, Bildung und Pflege wichtig? In Freie und Hansestadt Hamburg (Hg.), Berufe in Erziehung, Bildung, Pflege – auch was für Jungs! (S. 16–25). Verfügbar am 30.8.2021 unter http://www.jungenarbeit-und-schule.de/fileadmin/JuS/Redaktion/Dokumente/Berufe_in_Erziehung_Bildung_Pflege.pdf

Bastian, P. (2017). Empowerment und Aktivierung. In F. Kessl, E. Kruse, S. Stövesand & W. Thole (Hg.), Soziale Arbeit – Kernthemen und Problemfelder (S. 242–252). Opladen u. a.: Barbara Budrich.

Bäumer, G. (1998). Die historischen und & sozialen Voraussetzungen der Sozialpädagogik und die Entwicklung ihrer Theorie. In W. Thole, M. Galuske & H. Gängler (Hg.), KlassikerInnen der sozialen Arbeit. Sozialpädagogische Texte aus zwei Jahrhunderten – ein Lesebuch (S. 149–161). Neuwied: Luchterhand.

Beckmann, J. & Lohse, K. (2021). SGB VIII-Reform: Überblick über das Kinder- und Jugendstärkungsgesetz. Verfügbar am 21.11.2021 unter https://www.dijuf.de/files/downloads/2021/Beckmann_Lohse_%C3%9Cberblick_SGB%20VIII-Reform_KJSG_Aktualisierung%20von%20JAmt%202021_178.pdf

Betz, T. & Bischoff, S. (2013). Risikokind und Risiko Kind. Konstruktionen von Risiken in politischen Berichten. In H. Kelle & J. Mierendorff (Hg.), Normierung und Normalisierung der Kindheit (S. 60–81). Weinheim, Basel: Beltz Juventa.

Betz, T. (2018). Bildungs- und Erziehungspartnerschaft zwischen Kita und Familie. Ein Konzept auf dem erziehungswissenschaftlichen Prüfstand. Frühe Kindheit (6), 21–29.

Betz, T., Bollig, S., Joos, M. & Neumann, S. (2018). Institutionalisierungen von Kindheit. Weinheim, Basel: Beltz Juventa.

Biesel, K. & Urban-Stahl, U. (2018). Lehrbuch Kinderschutz. Weinheim, Basel: Beltz Juventa.

BMBF (Hg.). (2020). Internetauftritt Ganztagsschulen. Verfügbar am 13.7.2020 unter https://www.ganztagsschulen.org/index.php.

BMFSFJ (Hg.). (1994). Familien und Familienpolitik im geeinten Deutschland. Zukunft des Humanvermögens. Fünfter Familienbericht. Berlin: BMFSFJ. Verfügbar am 30.8.2021 unter https://www.bmfsfj.de/blob/79026/1e0fd896b0c144d5f6396b8829591391/familiebericht-data.pdf

BMFSFJ (Hg.). (2000). Sechster Familienbericht. Familien ausländischer Herkunft in Deutschland. Leistungen – Belastungen – Herausforderungen. Berlin: BMFSFJ. Verfügbar am 20.7.2020 unter https://www.bmfsfj.de/blob/93186/98ca1cfb0a9f8ac0c64ece2634bf69de/6–familienbericht-data.pdf

BMFSFJ (Hg.). (2002). 11. Kinder- und Jugendbericht. Aufwachsen in öffentlicher Verantwortung. Berlin: BMFSFJ.

BMFSFJ (Hg.). (2005). 12. Kinder- und Jugendbericht. Bildung, Betreuung und Erziehung vor und neben der Schule. Berlin: BMFSFJ. Verfügbar am 20.7.2020 unter https://www.bmfsfj.de/blob/112224/7376e6055bbcaf822ec30fc6ff72b287/12-kinder-und-jugendbericht-data.pdf

BMFSFJ (Hg.). (2006). Familie zwischen Flexibilität und Verlässlichkeit. Perspektiven für eine lebenslaufbezogene Familienpolitik. Siebter Familienbericht. Berlin: BMFSFJ. Verfügbar am 20.7.2020 unter https://www.bmfsfj.de/blob/76276/40b5b103e693dacd4c014648d906aa99/7–familienbericht-data.pdf

BMFSFJ (Hg.). (2006). Frühe Hilfen für Eltern und Kinder und soziale Frühwarnsysteme. – Aktionsprogramm des Bundesministeriums für Familie, Senioren, Frauen und Jugend – Aktionsprogramm des Bundesministeriums für Familie, Senioren, Frauen und Jugend zum Schutz von Kleinkindern, zur Früherkennung von Risiken und Gefährdungen und zur Implementierung effektiver Hilfesysteme. Verfügbar am 5.7.2020 unter https://www.fruehehilfen.de/fileadmin/user_upload/fruehehilfen.de/pdf/60816KonzeptFruehеHilfen.pdf

BMFSFJ (Hg.). (2009). 13. Kinder- und Jugendbericht. Teil E: Mehr Chancen für gesundes Aufwachsen – Gesundheitsbezogene Prävention und Gesundheitsförderung in der Kinder- und Jugendhilfe. Berlin: BMFSFJ. Verfügbar am 20.7.2020 unter https://www.bmfsfj.de/blob/93144/f5f2144cfc504efbc6574af8a1f30455/13-kinder-jugendbericht-data.pdf

BMFSFJ (Hg.). (2013). 14. Kinder- und Jugendbericht. Teil D: Kinder- und Jugendhilfe in neuer Verantwortung. Verfügbar am 20.7.2020 unter https://www.bmfsfj.de/blob/93146/6358c96a697b0c3527195677c61976cd/14-kinder-und-jugendbericht-data.pdf

BMFSFJ (Hg.). (2017). 15. Kinder- und Jugendbericht. Zwischen Freiräumen, Familie, Ganztagsschule und virtuellen Welten – Persönlichkeitsentwicklung und Bildungsanspruch im Jugendalter. Berlin: BMFSFJ. Verfügbar am 20.7.2020 unter https://www.bmfsfj.de/blob/115438/d7ed644e1b7fac4f9266191459903c62/15-kinder-und-jugendbericht-bundestagsdrucksache-data.pdf

BMFSJ (Hg.). 16. Kinder- und Jugendbericht. Förderung demokratischer Bildung im Kindes- und Jugendalter. Berlin: BMFSJ. Verfügbar am 30.8.2021 unter https://www.bmfsfj.de/resource/blob/162232/27ac76c3f5ca10b0e914700ee54060b2/16-kinder-und-jugendbericht-bundestagsdrucksache-data.pdf

BMFSFJ (Hg.). (2020a). Abschlussbericht Mitreden – Mitgestalten. Die Zukunft der Kinder- und Jugendhilfe. Verfügbar am 7.4.2020 unter https://www.mitreden-mitgestalten.de/sites/default/files/downloads/bmfsfj_mitreden-mitgestalten_abschlussbericht_final_web.pdf

BMFSFJ (Hg.). (2020b). Internetauftritt Mitreden – Mitgestalten. Verfügbar am 13.7.2020 unter https://www.mitreden-mitgestalten.de/

BMFSFJ (Hg.). (2021). Eltern sein in Deutschland. Neunter Familienbericht. Berlin: BMFSFJ.

Boetticher, A. von (2012). Die hoheitlichen Aufgaben der Kinder- und Jugendhilfe. In W. Thole (Hg.), Grundriss Soziale Arbeit. Ein einführendes Handbuch (4. Auflage) (S. 483–487). Wiesbaden: VS Verlag für Sozialwissenschaften.

Böhnisch, L. (2012). Lebensbewältigung. In: Enzyklopädie Erziehungswissenschaft Online. Weinheim, Basel: Beltz Juventa, S. 1–22.

Böllert, K. (2018). Einleitung: Kinder- und Jugendhilfe – Entwicklungen und Herausforderungen einer unübersichtlichen sozialen Infrastruktur. In K. Böllert (Hg.), Kompendium Kinder- und Jugendhilfe (S. 3–62). Wiesbaden: Springer VS.

Bollig, S., Honig, M. S. & Nienhaus, S. (2016). Vielfalt betreuter Kindheiten. Ethnographische Fallstudien zu den Bildungs- und Betreuungsarrangements 2–4jähriger Kinder. Belval: Université du Luxembourg. Verfügbar am 7.4.2017 unter https://www.pedocs.de/volltexte/2016/12305/pdf/Bollig_Honig_Nienhaus_2016_Vielfalt_betreuter_Kindheiten.pdf

Booth, T. & Ainscow, M. (2019). Index für Inklusion. Ein Leitfaden für Schulentwicklung (2. Auflage). Weinheim, Basel: Beltz Juventa.

Böwer, M. & Kotthaus, J. (2018). Einleitung. In M. Böwer & J. Kotthaus (Hg.), Praxisbuch Kinderschutz. Professionelle Herausforderungen bewältigen (S. 9–17). Weinheim, Basel: Beltz Juventa.

Brake, A. & Büchner, P. (2013). Stichwort: Familie, Peers und (informelle) Bildung im Kindes- und Jugendalter. Zeitschrift für Erziehungswissenschaft, 16(3), 481–502.

Bremer, H. (2012). Die Milieubezogenheit von Bildung. In U. Bauer, U. Bittlingmayer & A. Scherr (Hg.), Handbuch Bildungs- und Erziehungssoziologie (S. 829–846). Wiesbaden: VS Verlag für Sozialwissenschaften.

Büchner, P. & Brake, A. (Hg.). (2006). Bildungsort Familie. Transmission von Bildung und Kultur im Alltag von Mehrgenerationenfamilien. Wiesbaden: Springer VS.

Bundesministerium für Arbeit und Soziales (Hg.). (2017). Lebenslagen in Deutschland. Fünfter Armuts- und Reichtumsbericht. Berlin: Bundesministerium für Arbeit und Soziales. Verfügbar am 20.1.2020 unter https://www.armuts-und-reichtumsbericht.de/SharedDocs/Downloads/Berichte/5-arb-langfassung.pdf?__blob=publicationFile&v=6

Bundschuh, C. (2011). Sexualisierte Gewalt gegen Kinder in Institutionen. Nationaler und internationaler Forschungsstand. Expertise im Rahmen des Projekts „Sexuelle Gewalt gegen Mädchen und Jungen in Institutionen" (Deutsches Jugendinstitut, Hg.), München. Verfügbar am 17.3.2021 unter http://www.dji.de/fileadmin/user_upload/sgmj/Expertise_Bundschuh_mit_Datum.pdf.

Buschhorn, C. (2018). Förderung der Erziehung in der Familie und Frühe Hilfen. In K. Böllert (Hg.), Kompendium Kinder- und Jugendhilfe (S. 783–804). Wiesbaden: Springer VS.

Bütow, B. & Chassé, K. A. (2008). Soziale Arbeit im Osten – Abbau im Aufbau? In B. Bütow, K. A. Chassé & R. Hirt (Hg.), Soziale Arbeit nach dem Sozialpädagogischen Jahrhundert. Positionsbestimmungen Sozialer Arbeit im Post-Wohlfahrtsstaat (S. 77–92). Opladen, Farmington Hills: Barbara Budrich.

Bundesverband Katholischer Einrichtungen und Dienste der Erziehungshilfen (BVkE) e.V./Deutscher Caritasverband (DCV) e.V. (Hg.). (2021). SGB VIII – Kinder- und Jugendhilfe nach der Reform durch das KJSG. Gesetzestexte mit gekennzeichneten Änderungen inkl. KKG, Einleitungen und Stellungnahmen. Stand: 3. Juni 2021. Freiburg: Lambertus.

Careleaver e.V. (n.d.). Internetauftritt des Netzwerks Careleaver e.V. Verfügbar am 6.11.2021 unter https://www.careleaver.de/uber-uns/wer-sind-wir-und-was-wollen-wir/

Cloos, P. (2020). Kindheitspädagogik als Projekt. Überlegungen zu einem sich neu konturierenden Forschungs-, Praxis- und Professionsfeld. In P. Cloos, B. Lochner & H. Schoneville (Hg.), Soziale Arbeit als Projekt. Konturierungen von Disziplin und Profession (S. 159–170). Wiesbaden: Springer VS.

Coelen, T. & Otto, H. U. (Hg.). (2008). Grundbegriffe Ganztagsbildung. Wiesbaden: VS Verlag für Sozialwissenschaften.

Combe, A. & Helsper, W. (1996/2016). Einleitung: Pädagogische Professionalität. Historische Hypotheken und aktuelle Entwicklungstendenzen. In A. Combe & W. Helsper (Hg.), Pädagogische Professionalität. Untersuchungen zum Typus pädagogischen Handelns (8. Auflage) (S. 9–48). Frankfurt/M.: Suhrkamp.

Deinet, U. (1987). Im Schatten der Älteren. Offene Arbeit mit Kindern und jüngeren Jugendlichen. Weinheim und München: Juventa.

Dorschky, L. (2017). Empowerment. In Deutscher Verein für Öffentliche und Private Fürsorge (Hg.), Fachlexikon der Sozialen Arbeit (8., völlig überarbeitete und aktualisierte Auflage) (S. 231–233). Baden-Baden: Nomos.

Enggruber R. (2013). Jugendberufshilfe. EEO Enzyklopädie Erziehungswissenschaft, 2–18.

Enggruber R. (2018). Migration und Jugendberufshilfe. In B. Blank, S. Gögercin, K. E. Sauer & B. Schramkowski (Hg.), Soziale Arbeit in der Migrationsgesellschaft. Grundlagen – Konzepte – Handlungsfelder (S. 481–491). Wiesbaden: Springer VS.

Farrenberg, D. & Kutscher, N. (2014). Kompetenzorientierung in der aktuellen Bildungsdebatte. Eine kritische Auseinandersetzung. Standpunkt: Sozial, 55(3), 17–29.

Farrenberg, D. & Schulz, M. (2020). Handlungsfelder Sozialer Arbeit. Eine systematisierende Einführung. Weinheim, Basel: Beltz Juventa.

Farrenberg, D. & Schulz, M. (i. E.). Pädagogik der Kindheit und Soziale Arbeit. In W. Thole (Hg.), Grundriss Soziale Arbeit (5. Auflage). Wiesbaden: Springer VS.

Farrenberg, D. (2013). Bildungsorientierungen als Charakteristika eines intergenerationalen Familienhabitus. Erträge einer empirischen Studie. Zeitschrift für Soziologie der Erziehung und Sozialisation, 33(3), 300–315.

Farrenberg, D. (2017). Fremdheit und Sicherheit. Soziale Arbeit im Netz gegenwärtiger migrationsbezogener Rationalisierungen. Soziale Passagen, 9(2), 263–281.

Farrenberg, D. (2018). RegierungsSpielRäume. Eine Ethnographie über Praktiken der Herstellung des Kindergartenkindes. Dissertationsschrift. Universität Vechta. Verfügbar am 28.2.2018 unter https://voado.uni-vechta.de/handle/21.11106/120.

Farrenberg, D. (i. E.). Ordnungsbildungen einer Pädagogik der frühen Kindheit. Kartographierungsversuche eines sich zunehmend institutionalisierenden Feldes. In P. Cloos, J. Kaiser-Kratzmann, M. Jester, T. Schmidt & M. Schulz (Hg.), Kontinuität und Wandel in der Pädagogik der frühen Kindheit: Handlungsfelder, pädagogische Konzepte und Professionalisierung. Weinheim, Basel: Beltz Juventa.

Fegter, S., Heite, C., Mierendorff, J. & Richter, M. (2015). Neue Aufmerksamkeiten für Familie – Diskurse, Bilder und Adressierungen in der Sozialen Arbeit. neue praxis. Zeitschrift für Sozialarbeit, Sozialpädagogik und Sozialpolitik (Sonderheft Nr. 12), 3–11.

Fend, H. (2006). Neue Theorie der Schule. Einführung in das Verstehen von Bildungssystemen. Wiesbaden: VS Verlag für Sozialwissenschaften.

Foucault, M. (1971/2008). Die Ordnung der Dinge. In M. Foucault, A. Honneth & M. Saar (Hg.), Michel Foucault. Die Hauptwerke (S. 7–469). Frankfurt/M.: Suhrkamp.

Foucault, M. (1973/2008). Archäologie des Wissens. In M. Foucault, A. Honneth& M. Saar (Hg.), Michel Foucault. Die Hauptwerke (S. 471–699). Frankfurt/M.: Suhrkamp.

Fritschi, T. & Oesch, T. (2009). Volkswirtschaftlicher Nutzen von frühkindlicher Bildung in Deutschland. Eine ökonomische Bewertung langfristiger Bildungseffekte bei Krippenkindern. Gütersloh: Bertelsmann Stiftung.

Fröhlich-Gildhoff, K. (2014). § 31 SGB VIII: Sozialpädagogische Familienhilfe. In M. Macsenaere, K. Esser, E. Knab & S. Hiller (Hg.), Handbuch der Hilfen zur Erziehung (S. 110–115). Freiburg: Lambertus.

Galuske, M. (2008). Fürsorgliche Aktivierung – Anmerkungen zu Gegenwart und Zukunft Sozialer Arbeit im aktivierenden Staat. In B. Bütow, K. A. Chassé & R. Hirt (Hg.), Soziale Arbeit nach dem Sozialpädagogischen Jahrhundert. Positionsbestimmungen Sozialer Arbeit im Post-Wohlfahrtsstaat (S. 9–28). Opladen, Farmington Hills: Barbara Budrich.

Geißler, G. (2014). § 32 SGB VIII: Hilfe zur Erziehung in einer Tagesgruppe. In M. Macsenaere, K. Esser, E. Knab & S. Hiller (Hg.), Handbuch der Hilfen zur Erziehung (S. 116–121). Freiburg: Lambertus.

Gerber, C. (2019). Krisenintervention und Inobhutnahme. In J. Merchel (Hg.), Handbuch Allgemeiner Sozialer Dienst (ASD) (3. Auflage) (S. 261–271). München, Basel: Reinhardt.

Groenemeyer, A. (Hg.) (2010). Doing social problems. Mikroanalysen der Konstruktion sozialer Probleme und sozialer Kontrolle in institutionellen Kontexten. Wiesbaden: VS Verlag für Sozialwissenschaften.

Großkopf, S. (2014). Soziale Ungleichheit – der Kindergarten als Allheilmittel. Neue Praxis (1), 23–44.

Grunwald, K. & Thiersch, H. (2015). Lebensweltorientierung. In H. U. Otto & H. Thiersch (Hg.), Handbuch Soziale Arbeit. Grundlagen der Sozialarbeit und Sozialpädagogik (5. Auflage) (S. 934–943). München, Basel: Reinhardt.

Grunwald, K. & Thiersch, H. (2016). Lebensweltorientierung. In K. Grunwald & H. Thiersch (Hg.), Praxis Lebensweltorientierter Sozialer Arbeit. Handlungszugänge und Methoden in unterschiedlichen Arbeitsfeldern (3. Auflage) (S. 24–64). Weinheim, München: Juventa.

Günder, R. (2014). § 34 SGB VIII: Heimerziehung und sonstige betreute Wohnform. In M. Macsenaere, K. Esser, E. Knab & S. Hiller (Hg.), Handbuch der Hilfen zur Erziehung (S. 131–135). Freiburg: Lambertus.

Habermas, H. (1987a). Theorie des kommunikativen Handelns, Band I. Handlungsrationalität und gesellschaftliche Rationalisierung (4. Auflage). Frankfurt/M.: Suhrkamp.

Habermas, H. (1987b). Theorie des kommunikativen Handelns, Band 2. Zur Kritik der funktionalistischen Vernunft (4. Auflage). Frankfurt/M.: Suhrkamp.

Habermas, H. (1991). Erläuterungen zur Diskursethik. Frankfurt/M.: Suhrkamp.

Hamburger, F. (2016). Sozialpädagogik. In P. Mecheril (Hg.), Handbuch Migrationspädagogik (S. 449–464). Weinheim: Beltz.

Hartwig, L., Mennen, G. & Schrapper, C. (Hg.) (2017). Kinderrechte als Fixstern moderner Pädagogik? Grundlagen, Praxis, Perspektiven. Weinheim, Basel: Beltz Juventa.

Heiner, M. (2010). Soziale Arbeit als Beruf. Fälle – Felder – Fähigkeiten (2. Auflage). München und Basel: Reinhardt.

Heiner, M. (2012). Handlungskompetenz und Handlungstypen. Überlegungen zu den Grundlagen methodischen Handelns. In W. Thole (Hg.), Grundriss Soziale Arbeit. Ein einführendes Handbuch (4. Auflage) (S. 611–624). Wiesbaden: VS Verlag für Sozialwissenschaften.

Heinitz, S. & Slüter, R. (2018). Von der Notlösung zum Erfolgsmodell. Erfindungen, Fallstricke und Perspektiven im Kinderschutz am Beispiel der Entwicklung des Profils der „insoweit erfahrenen Fachkraft". In M. Böwer & J. Kotthaus (Hg.), Praxisbuch Kinderschutz. Professionelle Herausforderungen bewältigen (S. 44–58). Weinheim, Basel: Beltz Juventa.

Helm, J. & Schwertfeger, A. (Hg.). (2016). Arbeitsfelder der Kindheitspädagogik. Eine Einführung. Weinheim, Basel: Beltz Juventa.

Herriger, N. (2014). Empowerment in der Sozialen Arbeit. Eine Einführung (5. Auflage). Stuttgart: Kohlhammer.

Holzer, J. & Sauerbrey, U. (2018). 24-Stunden-Kitas. Eine empirische Untersuchung auf Basis der Grounded Theory. Zeitschrift für Sozialpädagogik, 16(1), 72–89.

Honig, M.-S. (1999). Entwurf einer Theorie der Kindheit. Frankfurt/M.: Suhrkamp.

Honig, M.-S. (2010). Beobachtung (früh-)pädagogischer Felder. In G. E. Schäfer & R. Staege (Hg.), Frühkindliche Lernprozesse verstehen. Ethnographische und phänomenologische Beiträge zur Bildungsforschung (S. 91–101). Weinheim, München: Juventa.

Hopmann, B. (2021). SGB VIII-Reform und Inklusion. Wie inklusiv ist das neue Kinder- und Jugendstärkungsgesetz? Sozial Extra, 45(6), 414–418.

Hurrelmann, K. & Dohmen, D. (2020). Die Krise schwächt die Schwachen. Warum die Corona-Pandemie die Bildungsungleichheit verstärkt. Zeitschrift für Soziologie der Erziehung und Sozialisation, 40(3), 313–320.

Hurrelmann, K. & Schultz, T. (Hg.). (2012). Jungen als Bildungsverlierer: Brauchen wir eine Männerquote in Kitas und Schulen? Weinheim, Basel: Beltz Juventa.

Jergus, K., Krüger, J. O. & Roch, A. (Hg.). (2017). Elternschaft zwischen Projekt und Projektion. Aktuelle Perspektiven der Elternforschung. Wiesbaden: Springer VS.

Kaiser, F. (2014). § 30 SGB VIII: Erziehungsbeistand und Betreuungshelfer. In M. Macsenaere, K. Esser, E. Knab & S. Hiller (Hg.), Handbuch der Hilfen zur Erziehung (S. 103–109). Freiburg: Lambertus.

Kappeler, M. (2011). Anvertraut und ausgeliefert. Sexuelle Gewalt in pädagogischen Einrichtungen. Berlin: Nicolai.

Kessl, F. (2018). Ökonomisierung. In K. Böllert (Hg.), Kompendium Kinder- und Jugendhilfe (S. 1629–1643). Wiesbaden: Springer VS.

Kindler, H. (2014). § 33 SGB VIII: Vollzeitpflege. In M. Macsenaere, K. Esser, E. Knab & S. Hiller (Hg.), Handbuch der Hilfen zur Erziehung (S. 122–130). Freiburg: Lambertus.

Klawe, W. (2014). § 35 SGB VIII: Intensive Sozialpädagogische Einzelbetreuung (ISE) im In- und Ausland. In M. Macsenaere, K. Esser, E. Knab & S. Hiller (Hg.), Handbuch der Hilfen zur Erziehung (S. 167–173). Freiburg: Lambertus.

Klomann, V. & Kutscher, N. (2021). Was lange währt, wird endlich gut?! Einleitung in den Schwerpunkt zur SGB VIII-Reform. Sozial Extra, 45(6), 404–408.

Klundt, M. (2021). Kinder, Kinderrechte und Kinderschutz im Corona-Kapitalismus. In J. Kniffki, R. Lutz & J. Steinhaußen (Hg.), Corona, Gesellschaft und Soziale Arbeit. Neue Perspektiven und Pfade (S. 89–104). Weinheim, Basel: Beltz Juventa.

Knab, E. (2014). Entwicklung der Erziehungshilfe – vom Mittelalter bis zum Ende des Zweiten Weltkriegs. In M. Macsenaere, K. Esser, E. Knab & S. Hiller (Hg.), Handbuch der Hilfen zur Erziehung (S. 21–26). Freiburg: Lambertus.

Koch, S. & Schulz, M. (2018). Bildungslandschaft. In F. K. Krönig (Hg.), Kritisches Glossar Kindheitspädagogik (S. 40–47). Weinheim, Basel: Beltz Juventa.

Koch-Priewe, B. (2009). Jungen – Sorgenkinder oder Sieger? Ergebnisse einer quantitativen Studie und ihre pädagogischen Implikationen. Wiesbaden: VS Verlag für Sozialwissenschaften.

Kommission der Europäischen Gemeinschaften. (2000). Memorandum über Lebenslanges Lernen. Arbeitsdokument der Kommissionsdienststellen (Kommission der Europäischen Gemeinschaften, Hg.), Brüssel. Verfügbar am 2.7.2020 unter http://www.hrk.de/uploads/tx_szconvention/memode.pdf

Konrad, F. M. (2012). Der Kindergarten. Seine Geschichte von den Anfängen bis in die Gegenwart (2. Auflage). Freiburg: Lambertus.

Kotthaus, J. (2012). Wehe dem, der Wehe tut! Über den Einsatz von Strafe als Instrument der Durchsetzung von Macht in der Sozialen Arbeit. In M. Huxoll & J. Kotthaus (Hg.), Macht und Zwang in der Kinder- und Jugendhilfe (S. 122–139). Weinheim, Basel: Beltz Juventa.

Krabel, J. & Stuve, O. (Hg.) (2006): Männer in „Frauen-Berufen" der Pflege und Erziehung. Opladen, Farmington Hills: Barbara Budrich.

Krappmann, L. & Petry, C. (2017). Worauf Kinder und Jugendliche ein Recht haben. Kinderrechte, Demokratie und Schule: Ein Manifest. Berlin: Bundeszentrale für politische Bildung.

Krinninger, D. & Schulz, M. (2020, i. E.). Kindheit in Familie. In J. Ecarius & A. Schierbaum (Hg.), Handbuch Familie. Gesellschaft und differente Felder. Wiesbaden: Springer VS.

Kuhlmann, C. (2008). „So erzieht man keinen Menschen!" Lebens- und Berufserinnerungen aus der Heimerziehung der 50er und 60er Jahre. Wiesbaden: Springer VS.

Kuhlmann, C. (2014): Erziehungshilfen von 1945 bis heute. In M. Macsenaere, K. Esser, E. Knab & S. Hiller (Hg.), Handbuch der Hilfen zur Erziehung (S. 27–32). Freiburg: Lambertus.

Kutscher, N. & Richter, M. (2011). Soziale Arbeit „im Kreise der Familie": Zur Wirkmächtigkeit von De- und Re-Familialisierungspolitiken, Aktivierungspraxen und Risikokontrolle. In Kommission Sozialpädagogik (Hg.), Bildung des Effective Citizen. Sozialpädagogik auf dem Weg zu einem neuen Sozialentwurf (S. 191–202). Weinheim, München: Juventa.

Lange, A. & Soremski, R. (2012). Familie als Bildungswelt – Bildungswelt Familie. Zeitschrift für Soziologie der Erziehung und Sozialisation, 32(3), 227–232.

Lange, A. & Xyländer, M. (Hg.). (2011). Bildungswelt Familie. Theoretische Rahmung, empirische Befunde und disziplinäre Perspektiven. Weinheim, München: Juventa.

Lareau, A. (2011). Unequal childhoods: Class, race, and family life. Berkeley: University of Berkeley Press.

Lessenich, S. (2009). Mobilität und Kontrolle. Zur Dialektik der Aktivgesellschaft. In K. Dörre, S. Lessenich & H. Rosa (Hg.), Soziologie – Kapitalismus – Kritik. Eine Debatte (S. 126–177). Frankfurt/M.: Suhrkamp.

Lessenich, S. (2012). „Aktivierender" Sozialstaat: Eine politisch-soziologische Zwischenbilanz. In R. Bispinck (Hg.), Sozialpolitik und Sozialstaat. Festschrift für Gerhard Bäcker (S. 41–53). Wiesbaden: Springer VS.

Lessenich, S. (2013). Die Neuerfindung des Sozialen. Der Sozialstaat im flexiblen Kapitalismus (2. Auflage). Bielefeld: transcript.

Marquard, P. & Trede, W. (2018). Das zweigliedrige Jugendamt. In K. Böllert (Hg.), Kompendium Kinder- und Jugendhilfe (S. 115–129). Wiesbaden: Springer VS.

Matzner, A. & Munsch, C. (2014). Hilfeplan nach § 36 SGB VIII: Entwicklungen und Herausforderungen. In M. Macsenaere, K. Esser, E. Knab & S. Hiller (Hg.), Handbuch der Hilfen zur Erziehung (S. 211–216). Freiburg: Lambertus.

Meiner-Teubner, C., Kopp, K. & Schilling, M. (2016). Träger von Kindertageseinrichtungen im Spiegel der amtlichen Statistik. Eine Analyse der Strukturen, der Bildungsbeteiligung, des Personals und von Qualitätskriterien. Dortmund: Eigenverlag Forschungsverbund DJI/TU Dortmund an der Fakultät 12 der Technischen Universität Dortmund. Verfügbar am 2.7.2020 unter http://www.akjstat.tu-dortmund.de/ueber-uns/die-akjstat/traegeranalyse/

Merchel, J. (2019). Hilfeplanung. In. J. Merchel (Hg.), Handbuch Allgemeiner Sozialer Dienst (ASD) (3. Auflage) (S. 190–202). München, Basel: Reinhardt.

Meysen, T. & Nonninger, S. (2019). Familienrecht und familiengerichtliches Verfahren (FamFG). In J. Merchel (Hg.), Handbuch Allgemeiner Sozialer Dienst (ASD) (3. Auflage) (S. 126–136). München, Basel: Reinhardt.

Müller, B., Schmidt, S. & Schulz, M. (2008). Wahrnehmen können. Jugendarbeit und informelle Bildung (2. erweiterte Auflage). Freiburg: Lambertus.

Münder, J., Trenczek, T., von Boetticher, A. & Tammen, B. (2020). Kinder- und Jugendhilferecht. Eine praxis- und sozialwissenschaftlich orientierte Darstellung des gesamten Kinder- und Jugendhilferechts (9. Auflage). Baden-Baden: Nomos.

Nahrstedt, W., Fromme, J., Imorde, G., Schäfer, A., Thier, M., Thilke, K. & Wiebusch, R. (1986). Strategien offener Kinderarbeit. Zur Theorie und Praxis freizeitpädagogischen Handelns. Opladen: Westdeutscher Verlag.

Nationales Zentrum Früher Hilfen (n.d.). Internetauftritt des Netzwerks Früher Hilfen. Verfügbar am 16.2.2017 unter http://www.fruehehilfen.de/bundesinitiative-fruehe-hilfen/kommunale-netzwerke/

Niekrenz, Y. & Witte, M. D. (2018). Jugend. In K. Böllert (Hg.), Kompendium Kinder- und Jugendhilfe (S. 381–402). Wiesbaden: Springer VS.

Nitsch, R. (2014). § 28 SGB VIII: Institutionelle Erziehungsberatung. In M. Macsenaere, K. Esser, E. Knab & S. Hiller (Hg.), Handbuch der Hilfen zur Erziehung (S. 92–96). Freiburg: Lambertus.

Nohl, H. (2002). Die pädagogische Bewegung in Deutschland und ihre Theorie (11. Auflage). Frankfurt/M.: Klostermann.

Nussbaum, M. C. (1999/2016). Gerechtigkeit oder Das gute Leben (9. Auflage). Frankfurt/M.: Suhrkamp.

Oechler, M. (2015). Dienstleistungsorientierung. In H. U. Otto & H. Thiersch (Hg.), Handbuch Soziale Arbeit. Grundlagen der Sozialarbeit und Sozialpädagogik (5. Auflage) (S. 302–311). München: Reinhardt.

Oelkers, N. & Schrödter, M. (2008). Kindeswohl und Kindeswille. Zum Wohlergehen von Kindern aus der Perspektive des Capability Approach. In H. U. Otto & H. Ziegler (Hg.), Capabilities. Handlungsbefähigung und Verwirklichungschancen in der Erziehungswissenschaft (S. 143–161). Wiesbaden: VS Verlag für Sozialwissenschaften.

Olk, T. & Hübenthal, M. (2011). Kinder als Effective Citizens? Zur Reform der frühkindlichen Bildung, Betreuung und Erziehung im investierenden Sozialstaat. In Kommission Sozialpädagogik (Hg.), Bildung des Effective Citizen. Sozialpädagogik auf dem Weg zu einem neuen Sozialentwurf (S. 157–167). Weinheim, München: Juventa.

Olk, T. & Otto, H. U. (Hg.) (1987). Soziale Dienste im Wandel. Helfen im Sozialstaat (Band 1). Neuwied, Darmstadt: Luchterhand.

Olk, T. & Otto, H. U. (Hg.) (2003). Soziale Arbeit als Dienstleistung. Grundlegungen, Entwürfe und Modelle. München: Luchterhand.

Olk, T. (2007). Kinder im „Sozialinvestitionsstaat". Zeitschrift für Soziologie der Erziehung und Sozialisation (ZSE), 27(1), 43–57.

Otto, H. U. & Ziegler, H. (Hg.). (2008). Capabilities. Handlungsbefähigung und Verwirklichungschancen in der Erziehungswissenschaft. Wiesbaden: VS Verlag für Sozialwissenschaften.

Pingel, A. (2018). Jugendsozialarbeit. In K. Böllert (Hg.), Kompendium Kinder- und Jugendhilfe (S. 737–754). Wiesbaden: Springer VS.

Plankensteiner, A. (2014). § 27, 2 SGB VIII: flexible Hilfen – Konzept, Implikationen, Praxis. In M. Macsenaere, K. Esser, E. Knab & S. Hiller (Hg.), Handbuch der Hilfen zur Erziehung (S. 85–91). Freiburg: Lambertus.

Platte, A. & Krönig, F. (2017). Inklusive Momente. Weinheim, Basel: Beltz Juventa.

Pluto, L. & van Santen, E. (2014). § 29 SGB VIII: Soziale Gruppenarbeit. In M. Macsenaere, K. Esser, E. Knab & S. Hiller (Hg.), Handbuch der Hilfen zur Erziehung (S. 97–102). Freiburg: Lambertus.

Rätz, R. (2018). Von der Fürsorge zur Dienstleistung. In K. Böllert (Hg.), Kompendium Kinder- und Jugendhilfe (S. 65–92). Wiesbaden: Springer VS.

Rätz, R., Schröer, W. & Wolff, M. (2014). Lehrbuch Kinder- und Jugendhilfe. Grundlagen, Handlungsfelder, Strukturen und Perspektiven (2. Auflage). Weinheim: Beltz Juventa.

Rauschenbach, T. (2009). Zukunftschance Bildung: Familie, Jugendhilfe und Schule in neuer Allianz. Dordrecht u. a.: Springer.

Reyer, J. (2002). Kleine Geschichte der Sozialpädagogik. Individuum und Gemeinschaft in der Pädagogik der Moderne. Baltmannsweiler: Schneider Verlag Hohengehren.

Reyer, J. (2006). Einführung in die Geschichte des Kindergartens und der Grundschule. Bad Heilbrunn: Klinkhardt.

Richter, D. (1993). Hexen, kleine Teufel, Schwererziehbare. Zur Kulturgeschichte des „bösen Kindes". In Deutsches Jugendinstitut (Hg.), Was für Kinder. Aufwachsen in Deutschland. Ein Handbuch (S. 195–209). München: Kösel.

Richter, M. & Andresen, S. (2012). Orte „guter Kindheit"? Aufwachsen im Spannungsfeld familialer und öffentlicher Verantwortung. Zeitschrift für Soziologie der Erziehung und Sozialisation (ZSE), 32(3), 250–265.

Richter, M. (2013). Die Sichtbarmachung des Familialen. Gesprächspraktiken in der Sozialpädagogischen Familienhilfe. Weinheim, Basel: Beltz Juventa.

Richter, M. (2018). Handlungsfeld Hilfen zur Erziehung. In K. Böllert (Hg.), Kompendium Kinder- und Jugendhilfe (S. 824–84). Wiesbaden: Springer VS.

Röh, D. (2011). Soziale Arbeit mit behinderten Menschen. In R. Bieker & P. Floerecke (Hg.), Träger, Arbeitsfelder und Zielgruppen der Sozialen Arbeit (S. 317–332). Stuttgart: Kohlhammer.

Rohrmann, T. (2006). Männer in Kindertageseinrichtungen und Grundschulen: Bestandsaufnahme und Perspektiven. In J. Krabel & O. Stuve (Hg.), Männer in „Frauen-Berufen" der Pflege und Erziehung (S. 11–133). Opladen, Farmington Hills: Barbara Budrich.

Rose, L. & Schorb, F. (Hg.). (2017). Fat Studies in Deutschland. Hohes Körpergewicht zwischen Diskriminierung und Anerkennung. Weinheim, Basel: Beltz Juventa.

Roth, L. (1983). Die Erfindung des Jugendlichen. München: Juventa.

Sauerbrey, U. (2018). Öffentliche Kleinkindererziehung. Eine Theorie. Weinheim, Basel: Beltz Juventa.

Scherr, A. (2003). Jugendarbeit als Subjektbildung. In W. Lindner, W. Thole & J. Weber (Hg.), Kinder- und Jugendarbeit als Bildungsprojekt (S. 87–102). Opladen, Farmington Hills: Barbara Budrich.

Scherr, A. (2013). Subjektorientierte Offene Kinder- und Jugendarbeit. In U. Deinet & B. Sturzenhecker (Hg.), Handbuch offene Kinder- und Jugendarbeit (4., überarb. und aktualisierte Auflage) (S. 297–310). Wiesbaden: Springer VS.

Schleiermacher, F. (1957). Pädagogische Schriften. Die Vorlesungen aus dem Jahre 1826. Düsseldorf, München: Helmut Küpper.

Schmidt, F. & Schulz, M. (2017). Im pädagogischen Blick? Blicktheoretische Zugänge zu inklusiven Kindheiten. In D. Amirpur, A. Platte (Hg.), Handbuch Inklusive Kindheiten (S. 77–91). Opladen u. a.: Barbara Budrich.

Schnurr, S. (2011). Partizipation. In H. U. Otto & H. Thiersch (Hg.), Handbuch Soziale Arbeit (4. Auflage) (S. 1069–1078). München: Reinhardt.

Schröer, W. & Struck, N. (2018). Kinder- und Jugendhilfe. In G. Graßhoff, A. Renker & W. Schröer (Hg.), Soziale Arbeit. Eine elementare Einführung (S. 115–132). Wiesbaden: Springer.

Schröer, W., Brandt, H. & Terstappen, S. (2011). Nur die kleine Schwester der Jugendarbeit? Offene Arbeit mit Kindern. Sozial Extra 7/8, 46–49.

Schües, C. & Foth, H. (2019). Elternschaft. In J. Drerup & G. Schweiger (Hg.), Handbuch Philosophie der Kindheit (S. 90–98). Stuttgart: J. B. Metzler.

Schulz, M. (2018). Lebensphasen: Kindheit, Jugend, Alter. In G. Graßhoff, A. Renker & W. Schröer (Hg.), Soziale Arbeit. Eine elementare Einführung (S. 3–17). Wiesbaden: Springer VS.

Schulz, M., Rose L. & Schmidt, F. (Hg.). (2021). Pädagogisierungen des Essens. Kinderernährung in Institutionen der Bildung und Erziehung, Familien und Medien. Weinheim, Basel: Beltz Juventa.

Seidenstücker, B. (2015). Sozialpolitik und Soziale Arbeit in der DDR. In H. U. Otto & H. Thiersch (Hg.), Handbuch Soziale Arbeit. Grundlagen der Sozialarbeit und Sozialpädagogik (5. Auflage) (S. 1607–1616). München, Basel: Reinhardt.

Seithe, M. (2016). Ökonomisierung und ihre Folgen in der Kinder- und Jugendhilfe. In C. Müller, E. Mührel & B. Birgmeier (Hg.), Soziale Arbeit in der Ökonomisierungsfalle? Soziale Arbeit in Theorie und Wissenschaft (S. 141–158). Wiesbaden: Springer VS.

Seithe, M. (2021). Jugendhilfe und Corona – Schicksalsschlag, Kollateralschäden oder Strategie? In J. Kniffki, R. Lutz & J. Steinhaußen (Hg.), Corona, Gesellschaft und Soziale Arbeit. Neue Perspektiven und Pfade (S. 35–48). Weinheim, Basel: Beltz Juventa.

Sektion Sozialpädagogik und Pädagogik der frühen Kindheit (Hg.). (2021). Familie im Kontext pädagogischer Institutionen. Theoretische Perspektiven und empirische Zugänge. Weinheim, Basel: Beltz Juventa.

Sen, A. (2000). Ökonomie für den Menschen. Wege zu Gerechtigkeit und Solidarität in der Marktwirtschaft. München, Wien: Carl Hanser.

Sickendiek, U. & Nestmann, F. (2018). Beratung in kritischen Lebenssituationen. In G. Graßhoff, A. Renker & W. Schröer (Hg.), Soziale Arbeit. Eine elementare Einführung (S. 217–236). Wiesbaden: Springer Fachmedien.

Sievers, B., Thomas, S. & Zeller, M. (2015). Jugendhilfe – und dann? Zur Gestaltung der Übergänge junger Erwachsener aus stationären Erziehungshilfen. Ein Arbeitsbuch. Regensburg: Walhalla.

Spies, A. (2018). Schule und Soziale Arbeit. In G. Graßhoff, A. Renker & W. Schröer (Hg.), Soziale Arbeit. Eine elementare Einführung (S. 133–150). Wiesbaden: Springer VS.

Statistisches Bundesamt (2017). Statistiken der Kinder- und Jugendhilfe. Erzieherische Hilfe, Eingliederungshilfe für seelisch behinderte junge Menschen, Hilfe für junge Volljährige. Erziehungsberatung. Verfügbar am 30.3.2022 unter https://www.statistischebibliothek.de/mir/servlets/MCRFileNodeServlet/DEHeft_derivate_00042664/5225112177004_korr22022019.pdf

Statistisches Bundesamt (2020a). Statistiken der Kinder- und Jugendhilfe. Kinder und tätige Personen in Tageseinrichtungen und in öffentlich geförderter Kindertagespflege am 1.3.2020. Verfügbar am 30.8.2021 unter https://www.destatis.de/DE/Themen/Gesellschaft-Umwelt/Soziales/Kindertagesbetreuung/Publikationen/Downloads-Kindertagesbetreuung/tageseinrichtungen-kindertagespflege-5225402207004.pdf?__blob=publicationFile

Statistisches Bundesamt (2020b). Statistiken der Kinder- und Jugendhilfe 2018. Einrichtungen und tätige Personen (ohne Tageseinrichtungen für Kinder). Verfügbar am 14.1.2020 unter https://www.destatis.de/DE/Themen/Gesellschaft-Umwelt/Soziales/Kinderhilfe-Jugendhilfe/Publikationen/Downloads-Kinder-und-Jugendhilfe/sonstige-einrichtungen-5225403189004.pdf?__blob=publicationFile.

Statistisches Bundesamt (2020c). Statistiken der Kinder- und Jugendhilfe 2019. Erzieherische Hilfe, Eingliederungshilfe für seelisch behinderte junge Menschen, Hilfe für junge Volljährige. Verfügbar am 30.8.2021 unter https://www.destatis.de/DE/Themen/Gesellschaft-Umwelt/Soziales/Jugendarbeit/Publikationen/Downloads-Jugendarbeit/erzieherische-hilfe-5225112197004.pdf?__blob=publicationFile

Statistisches Bundesamt (2021). Statistiken der Kinder- und Jugendhilfe. Öffentlich geförderte Angebote der Jugendarbeit 2019. Verfügbar am 30.8.2021 unter https://www.destatis.de/DE/Themen/Gesellschaft-Umwelt/Soziales/Jugendarbeit/Publikationen/Downloads-Jugendarbeit/angebote-jugendarbeit-5225301199004.pdf?__blob=publicationFile

Stechow, E. von (2004). Erziehung zur Normalität. Eine Geschichte der Ordnung und Normalisierung der Kindheit. Wiesbaden: VS Verlag.

Sting, S. (2013). Sozialpädagogische Zugänge zur Bildung in der frühen Kindheit. In Sektion Sozialpädagogik und Pädagogik der frühen Kindheit (Hg.), Konsens und Kontroversen. Sozialpädagogik und Pädagogik der frühen Kindheit im Dialog (S. 14–26). Weinheim, Basel: Beltz Juventa.

Struck, N. & Schröer, W. (2011). Kinder- und Jugendhilfe. In H. U. Otto & H. Thiersch (Hg.), Handbuch Soziale Arbeit (4. Auflage) (S. 724–734). München: Reinhardt.

Stuckstätte, E. Ch. (2011). Übergang Schule – Beruf: Soziale Arbeit mit benachteiligten Jugendlichen. In: R. Bieker & P. Floerecke (Hg.): Träger, Arbeitsfelder und Zielgruppen der Sozialen Arbeit (S. 175–190). Stuttgart: Kohlhammer.

Sturzenhecker, B. & Deinet, U. (2018). Kinder- und Jugendarbeit. In K. Böllert (Hg.), Kompendium Kinder- und Jugendhilfe (S. 693–712). Wiesbaden: Springer VS.

Thiel, W. (2017). Selbsthilfe. In Deutscher Verein für Öffentliche und Private Fürsorge (Hg.), Fachlexikon der Sozialen Arbeit (8., völlig überarbeitete und aktualisierte Auflage) (S. 749–750). Baden-Baden: Nomos.

Thiersch, H. (2006). Die Erfahrung der Wirklichkeit. Perspektiven einer alltagsorientierten Sozialpädagogik (2. Auflage). Weinheim: Juventa.

Thiersch, H., Grunwald, K. & Köngeter, S. (2012). Lebensweltorientierte Soziale Arbeit. In W. Thole (Hg.), Grundriss Sozialer Arbeit. Ein einführendes Handbuch (3. Auflage) (S. 175–196). Wiesbaden: VS Verlag für Sozialwissenschaften.

Thole, W. (2012). Die Soziale Arbeit – Praxis, Theorie, Forschung und Ausbildung. In W. Thole (Hg.), Grundriss Soziale Arbeit. Ein einführendes Handbuch (4. Auflage) (S. 19–70). Wiesbaden: VS Verlag für Sozialwissenschaften.

Wabnitz, R. J. (2019). Grundkurs Kinder- und Jugendhilferecht für die Soziale Arbeit (5. Auflage). München: Ernst Reinhardt.

Wagner, T. (2017). Partizipation. In F. Kessl, E. Kruse, S. Stövesand & W. Thole (Hg.), Soziale Arbeit – Kernthemen und Problemfelder (S. 43–51). Opladen u. a.: Barbara Budrich.

Walhalla Fachredaktion (2021). Kinder- und Jugendstärkungsgesetz: Weiterentwicklung des SGB VIII. Gesetzesmaterialien und Erläuterungen. Regensburg: Walhalla und Praetoria.

Walkenhorst, P. (2017). Überlegungen zu den Gemeinsamkeiten der „Säulen“ öffentlich-professioneller Erziehung aus pädagogischer Sicht. In E. Knab, D. Mastalerz, N. Scheiwe & K. Esser (Hg.), Entwicklungen in der Erziehungshilfe. Innovationen für eine gelingende Zukunft (S. 313–328). Freiburg: Lambertus.

Weeber, V.-M. (2018). Kinder- und Jugendhilfe. (Un)begleitete minderjährige Ausländer_innen. In B. Blank, S. Gögercin, K. E. Sauer & B. Schramkowski (Hg.), Soziale Arbeit in der Migrationsgesellschaft. Grundlagen – Konzepte – Handlungsfelder (S. 604–619). Wiesbaden: Springer VS.

Westphal, M., Motzek-Öz, S. & Otyakmaz, Ö. B. (2017). Elternschaft unter Beobachtung, Herausforderungen für Mütter und Väter mit Migrationshintergrund. Zeitschrift für Soziologie der Erziehung und Sozialisation (ZSE), 37(2), 142–158.

Winkelmann, P. (2014). § 19 SGB VIII: Gemeinsame Wohnformen für Mütter/Väter und Kinder. In M. Macsenaere, K. Esser, E. Knab & S. Hiller (Hg.), Handbuch der Hilfen zur Erziehung (S. 71–78). Freiburg: Lambertus.

Wolf, K. (2014). Zur Notwendigkeit des Machtüberhangs in der Erziehung. In B. Kraus & W. Krieger (Hg.), Macht in der sozialen Arbeit. Interaktionsverhältnisse zwischen Kontrolle, Partizipation und Freisetzung (3. Auflage) (S. 121–159). Lage: Jacobs.

Zeller, M. (Hg.) (2007). Die sozialpädagogische Verantwortung der Schule: Kooperation von Ganztagsschule und Jugendhilfe. Baltmannsweiler: Schneider Verlag Hohengehren.

Zerfass, I. (2014). § 20 SGB VIII: Betreuung und Versorgung des Kindes in Notsituationen. In M. Macsenaere, K. Esser, E. Knab & S. Hiller (Hg.), Handbuch der Hilfen zur Erziehung (S. 79–84). Freiburg: Lambertus.

Ziegler, H., Schrödter, M. & Oelkers, N. (2012). Capabilities und Grundgüter als Fundament einer sozialpädagogischen Gerechtigkeitsperspektive. In W. Thole (Hg.), Grundriss Soziale Arbeit. Ein einführendes Handbuch (4. Auflage) (S. 297–310). Wiesbaden: VS Verlag für Sozialwissenschaften.

Zwick, M. M., Deuschle, J. & Renn, O. (Hg.). (2011). Übergewicht und Adipositas bei Kindern und Jugendlichen. Wiesbaden: Springer VS.

C. Abbildungsverzeichnis

D. Sachwortverzeichnis